HENRI TINCQ

VATICAN
LA FIN D'UN MONDE

LES ÉDITIONS DU CERF

www.editionsducerf.fr
24, rue des Tanneries
75013 Paris

ISBN : 978-2-204-13347-0

AVANT-PROPOS

J'aime lire et relire Stefan Zweig dans son « monde d'hier ». Le monde tel qu'il existait à Vienne à l'aube du dernier siècle, avant que le « grand orage » ne le fracasse. J'aime ses pages à la fois lucides et frémissantes qui retracent le génie d'une ville et d'un empire oublié, englouti par l'absurdité des hommes et la férocité des guerres. Génie d'une ville laboratoire de la modernité et d'une Mitteleuropa où, comme par une sorte de parenthèse unique de l'histoire, de coïncidence miraculeuse des talents et des destins, tous les arts, les courants de la culture, les diversités ethniques et linguistiques s'étaient donné rendez-vous dans un concentré d'intelligence et de beauté, d'apothéose avant naufrage, de musique, de peinture, de lettres, de science et d'énergie spirituelle.

Nul sentiment de décadence ou de fin d'un monde n'étreignait alors cette société où personne ne pressentait même la fin de la monarchie et où, comme écrit Zweig, malgré des épisodes de tension nationaliste et xénophobe, les sangs allemand, slave, hongrois, espagnol, italien, français, juif se mêlaient. On y célébrait l'« immortelle pléiade » des Haydn, Mozart, Beethoven, Schubert, mais aussi les musiciens contemporains comme Mahler, Schönberg et Berg, les écrivains comme Schnitzler et Hofmannstahl, les peintres comme Klimt, Schiele, Kokoschka, les architectes comme Otto Wagner et bien sûr Sigmund Freud, le père de la psychanalyse. De cet âge d'or, à la charnière des deux derniers siècles, Zweig parle avec une déchirante nostalgie[1].

Je suis toujours fasciné par les récits de décadence d'empires. Par la voix de Svetlana Alexievitch, prix Nobel de littérature 2015, *La Fin de l'homme rouge* retrace, à travers des centaines de témoignages réunis dans une polyphonie singulière, la désintégration de la grande utopie marxiste-léniniste décrite par ceux qui, toute leur

1. S. ZWEIG, *Le Monde d'hier. Souvenirs d'un Européen*, Paris, Albin Michel, 1948. Zweig commence à écrire en 1934 et poste le manuscrit à l'éditeur la veille de son suicide le 22 février 1942.

vie, malgré son cortège de drames personnels et de désastres collectifs, y avaient cru. Ceux pour qui l'« État était le seul univers, qui leur tenait lieu de tout, remplaçait même leur propre vie ». Dans ce magnifique *Requiem*, Svetlana Alexievitch raconte l'histoire d'hommes et de femmes de toute condition que le régime avait humiliés et offensés, mais « incapables de quitter la grande Histoire, lui dire adieu, d'être heureux autrement ». D'hommes et de femmes qui ne s'accommodent pas du passage de cet idéal sublime à l'économie capitaliste la plus médiocre et triomphante qui a suivi la chute de l'Union soviétique[1].

Le rapprochement que je vais faire avec la crise que traverse l'Église catholique sera peut-être jugé absurde, voire provocant ou indécent. Mais je ne peux cacher que les souvenirs littéraires de Zweig et d'Alexievitch me viennent à l'esprit quand j'examine, avec accablement ou apitoiement selon les jours, ce qu'il faut bien appeler la décadence d'une institution de plus d'un milliard d'hommes et de femmes qui, certes, en a vu d'autres en

1. S. Alexievitch, *La fin de l'homme rouge. ou le temps du désenchantement*, Arles, Actes Sud. 2013.

deux mille ans d'histoire, mais dont la répétition des scandales et des crises étreint le cœur de ses croyants les plus endurcis.

Et je me demande quel génie d'écriture, analogue à celui d'un Zweig, sera demain capable de décrire ce « monde de l'Église d'hier », blâmable à bien des égards, indigne souvent, mais prestigieux, vénéré ou combattu selon les époques, encore riche d'une expérience spirituelle et humaine incomparable, d'une longue tradition et de références universelles, d'un patrimoine architectural, musical, littéraire, pictural unique au monde, d'une conscience morale offrant un chemin de salut à tous les hommes. Et je me demande quelle grande écrivaine, comme une Svetlana Alexievitch, sera demain capable de traduire le désarroi de ces millions de catholiques qui, comme je le suis, sont ébranlés dans leurs convictions, blessés, humiliés. Ceux qui ont tout misé – leur foi, leurs engagements, leurs espoirs, leur vie – sur l'Église et ceux qui sont partis et vivent en marge d'elle. Ceux qui ne se résignent pas au spectacle actuel de son abaissement. Ceux qui en pressentent, à tort ou à raison, satisfaits ou désespérés, le terme.

En ce début du XXIe siècle, le « grand orage » est passé sur l'Église catholique comme il était passé sur l'Autriche de Zweig en 1914. Un orage qui, toutes proportions gardées bien sûr, est aussi cataclysmique que celui qui avait éclipsé, il y a un siècle, la page la plus brillante de l'histoire de Vienne et de son empire. L'entrée de l'Église catholique dans le troisième millénaire de l'histoire chrétienne, qu'un pape comme Jean-Paul II en l'an 2000 avait voulu grandiose et exemplaire pour le monde, et qu'il mettait en lien, non sans arguments, avec la chute des empires totalitaires et des idéologies d'oppression du XXe siècle, tourne à l'épreuve affligeante. La lutte menée par un maître théologien comme Benoît XVI contre la mise au ban de Dieu dans la société postmoderne se perd dans de vaines tentatives de reconquête et des odeurs de scandale. Enfin, la belle utopie d'un retour aux sources évangéliques, à cette « Église des pauvres pour les pauvres », humble, décentralisée, collégiale, chère au pape François des débuts, se consume dans des affaires de mœurs et des guerres de clan qui agitent le Vatican et scandalisent le monde.

Un « système » s'effondre que les catholiques de ma génération traduisent par des mots que j'entends parfois et reprends à mon compte : « Nous avons assisté, dans les années 1980 à la chute du système soviétique. Peut-être nous est-il donné aujourd'hui d'assister à l'affaissement du système catholique romain et tridentin. » Comment leur donner tort quand se suivent des événements aussi improbables que la révélation d'abus sexuels de prêtres sur des enfants, des séminaristes, des religieuses, des cabales à Rome et la démission d'un pape, des limogeages en série d'évêques, des condamnations de cardinaux à la prison, des publications attestant l'existence de réseaux homosexuels au cœur du Vatican, des plaintes pour inconduite d'un nonce apostolique à Paris, tout cela sur fond d'églises et de séminaires qui se vident, de pratiques qui déclinent. L'incendie survenu, le 15 avril 2019, à la cathédrale Notre-Dame de Paris a été interprété comme la métaphore d'une Église catholique qui vacille. Certains y ont vu le signe de la colère de Dieu.

On a longtemps cru que les scandales d'abus sexuels se réduisaient à la faute d'individus clivés et immatures, introduits par effraction dans une structure d'Église. On a la certitude désormais qu'ils sont le fruit d'une défaillance collective, d'une culture cléricale qui remonte à loin dans l'histoire, d'un système d'autorité qui a cru pouvoir échapper à la justice des hommes, aux règles de la transparence, de la légalité et de la démocratie. Si un homme aussi expérimenté et avisé que le pape François attribue cette défaillance aux excès du « cléricalisme », un Benoît XVI l'analyse encore comme un effet de la libération sexuelle de Mai 68, de la débâcle de la théologie morale catholique, de l'effacement des critères objectifs du bien et du mal. Entre les deux papes vivants, le désaccord sur la genèse de cette crise en dit long sur l'ampleur des interrogations qui traversent l'Église à tous les niveaux.

Le décalage abyssal entre le discours du Vatican sur le sexe et la « double vie » de certains de ses plus hauts représentants, homosexuels pratiquants devenus experts en homophobie, est l'autre symptôme d'une institution malade. D'une Église de chair et d'ombres, pourrie jusqu'à la tête, chaque jour salie par des prêtres, des évêques, des cardinaux, très minoritaires certes mais capables de doubles vies hypocrites, en état de célébrer la messe le matin et de fréquenter des bars ou des saunas gays le soir. Cette schizophrénie a peu à voir avec la pédocriminalité, mais elle contribue à ce climat de corruption et d'immoralité qui évoque les pires périodes de l'histoire de l'Église, choque et révolte jusqu'au dernier de ses fidèles et le monde entier.

La crise des abus est la « mère » de toutes les autres. Une crise d'image et de crédibilité pour une institution que Jean-Paul II présentait, ironie de l'histoire, comme la « maîtresse de vérité ». Une crise de moralité et de gouvernance. Une crise d'orientation, liée à des options pastorales controversées du pape François. Une crise de long terme et une crise universelle. Une crise globale, certains disent « systémique », dont les ingrédients seraient la confusion morale dans laquelle se trouve l'Église, sa rigidité institutionnelle et disciplinaire, son incertitude doctrinale. Une crise dévastatrice en tout cas, qui met à nu les dysfonctionnements d'une institution comme le Vatican devenue la caisse de résonance de mensonges, de manœuvres et de règlements de compte, où les scandales sexuels sont instrumentalisés par des clans conservateurs qui cherchent à porter le coup de grâce à un pape jugé usurpateur.

L'effondrement de l'Union soviétique avait commencé par la *glasnost* (transparence). Comme Gorbatchev dans les années 1980, le pape François a ouvert la voie à une *glasnost* de l'Église. En mettant en œuvre un programme de réformes de la Curie, en désignant le « cléricalisme » comme le péché originel de tous les abus sexuels et spirituels, il a libéré la parole comme aucun ne l'avait fait avant lui. Le faste d'une certaine cour romaine, les cercles de pouvoir strictement masculins, l'absence de culture du débat et de mixité dans les prises de décision, le ronronnement des appareils romains et diocésains, la place des laïcs soumise à une hiérarchie omnipotente sont devenus insupportables, jusque dans les cercles catholiques les plus dociles. Ils font l'objet de mises en cause massives. C'est l'effet paradoxal, et sans doute bénéfique, de la crise actuelle. Toutes ces demandes, qui ne sont pas nouvelles, reviennent avec la puissance d'un tsunami.

Les oppositions à cette *glasnost* et une réforme d'ampleur ont toujours existé. Qui ne pressent pourtant que l'Église catholique se trouve à un tournant singulier de son histoire ? Les crises qu'elle a traversées, au moins à l'époque moderne, ont toujours été des crises d'adaptation à l'environnement social et politique, à des contextes de révolution ou de démocratisation. Aujourd'hui, pour la première fois, l'Église conjugue des crises internes de moralité, de gouvernance, d'orientation et de cohérence doctrinale et des crises liées à des défis extérieurs sans précédent : des menaces sur le modèle démocratique, la montée d'expériences de gouvernement autoritaire ou populiste, l'aggravation des pressions migratoires, la permanence du péril islamiste, l'incertitude pour l'avenir du modèle européen, les inquiétudes pour le sort de la planète, les nouveaux modèles humanistes liés aux foudroyants progrès de la technologie.

La politique réformatrice et décentralisatrice du pape actuel est encore à l'état d'ébauche. Elle se heurte pourtant à de puissants bastions de conservatisme pour lesquels l'état actuel du monde et le déclin du catholicisme justifient au contraire que rien ne bouge, que rien ne soit touché à la gouvernance « universelle » de l'Église, à l'exercice d'un pouvoir fort à Rome et d'un magistère suprême et infaillible. De ces partisans d'une « néo-tradition » catholique, bien plus nombreux et influents que les soldats perdus de la dissidence lefebvriste, viendront demain les plus grandes résistances. On peut même dire que la guerre est déjà engagée entre deux modèles d'avenir.

On se souvient de la réponse que fit Ercole Consalvi, le cardinal secrétaire d'État du pape Pie VII, à l'ambassadeur de France qui le prévenait que Napoléon allait détruire l'Église : « Sire, cela fait dix-neuf siècles que les prêtres essaient de ruiner l'Église, ils n'y sont pas arrivés. Ce n'est pas Votre Majesté, dans l'éclat de sa gloire, qui pourra y prétendre ! » La tentation suicidaire n'est pourtant pas absente. Dans la droite catholique extrême, elle fait resurgir la vieille thèse maurrasienne selon laquelle la fin des temps passera par la fin de l'Église de Rome, socle de notre civilisation, héritière de l'empire de Constantin et dernier avatar de la civilisation antique.

Première partie

Les trois jours qui ont ébranlé l'édifice

Pour comprendre la genèse de la crise actuelle dans l'Église, je propose une relecture des trois pontificats de Jean-Paul II, Benoît XVI et du pape François à partir de trois dates clés. Trois jalons dans une histoire tourmentée et annonciatrice des craquements d'aujourd'hui.

– Le 8 avril 2005, le jour des funérailles en apothéose de Jean-Paul II. C'est l'heure du bilan pour un règne aussi long que solaire. Celle aussi des premiers nuages noirs qui, près de quinze ans plus tard, viendront ternir l'éclat d'une canonisation précipitée : la passivité du pape polonais dans les premières grandes affaires de pédophilie, sa rigidité institutionnelle, morale et disciplinaire. Après des années de célébration, certains réclament une « décanonisation » ! (chapitre 1).

– Le 11 février 2013, le jour de la démission de Benoît XVI. Ce pape a affronté de manière lucide et courageuse la crise des abus sexuels qu'il attribue à une désertion des valeurs chrétiennes. Il a hérité d'autres lourds dossiers non traités ou confisqués lors de l'éprouvante fin de règne de son prédécesseur. Attaqué de toute part, abandonné, payant le prix de sa fragilité politique et d'un entourage incompétent et corrompu, il se retire volontairement, ouvrant une brèche inédite dans l'histoire et l'exercice du pouvoir pontifical (chapitre 2).

– Le 13 mars 2013, le jour de l'élection du pape François. Le conclave fait un saut dans l'inconnu en choisissant pour la première fois un jésuite latino-américain, élu sur la promesse d'une réforme du gouvernement de l'Église. Mais la distance spectaculaire qu'il prend avec la « gouvernance » romaine, avec la figure du pape « monarque » universel et d'une cour arc-boutée sur sa routine et ses privilèges, avec le christianisme légaliste et moralisateur de ses deux prédécesseurs lui attire de violentes contestations. La crise des abus ne fait qu'attiser le feu nourri contre lui (chapitre 3).

1

LE 8 AVRIL 2005

Les obsèques planétaires de Jean-Paul II

L'apothéose et le crépuscule

Les yeux fermés, je pourrais remonter tout le fil de cette journée du 8 avril 2005, celle des obsèques de Jean-Paul II, apothéose grandiose d'un règne de vingt-six ans et six mois, le plus long après celui de l'apôtre Pierre et de Pie IX et le plus brillant de l'histoire moderne. Au coude-à-coude dans les rues de Rome et jusqu'au Tibre, deux millions de fidèles et des dizaines de millions d'autres dans le monde rivés à leur écran. Le cercueil de cyprès est posé à même la dalle du parvis de la basilique Saint-Pierre, couvert d'une simple croix et d'un évangile qui s'ouvre et se ferme au gré d'un vent capricieux. À côté de la dépouille, des rangées de cardinaux, de patriarches orientaux en chasuble dorée et de dignitaires religieux de toute confession, des dizaines de rois, reines, princes, une cinquantaine de présidents et d'hommes d'État composent une fresque inconnue à ce jour, une communauté humaine fédérée autour d'un pape défunt qui fut l'un des géants de la fin du dernier siècle.

Ce jour-là, défilent les souvenirs d'une légende dont j'avais eu la chance d'être le témoin ébloui. Une légende qui avait commencé le jour de l'élection de Karol Wojtyla, le 16 octobre 1978, quand un conclave à Rome désigne, pour la première fois depuis quatre siècles et demi, un pape non-italien, un cardinal de 58 ans venu de Pologne, ayant connu les nuits de l'occupation allemande, travaillé de ses mains dans une carrière de pierre, étudié en cachette, joué sur des scènes de théâtre clandestines, fait du sport, écrit des poèmes, enchanté des amis. Un pape qui avait vécu en direct l'expérience des deux totalitarismes sans Dieu du XXe siècle : le nazisme dont il avait mesuré la barbarie après l'invasion de son pays ; puis le communisme qu'il avait côtoyé comme prêtre dans la Pologne de l'après-guerre, comme professeur à l'université de Lublin, comme archevêque à Cracovie et qu'il affrontera comme pape à Rome.

Ce 8 avril 2005, sur la place Saint-Pierre murée dans le silence et l'émotion, ma mémoire retrace le parcours inouï de ce pape qui aura défié le temps, les espaces géographiques, les frontières politiques, les oppositions, les sarcasmes, un attentat, les rumeurs, les premiers scandales pédophiles, la maladie. Qui aura joué les premiers rôles dans l'éclatement du système communiste, redonné au judaïsme son premier rang dans l'ordre des religions révélées, dialogué avec l'islam modéré, mis en garde l'humanité contre ses dérives libérales, demandé pardon pour les fautes passées de l'Église. Qui s'interposa dans des conflits sanglants en Afrique, au Liban, en Irak, en Bosnie. Les images repassent en boucle de ses voyages-marathons dans les cinq continents dont la mise en scène stupéfiait les médias et les foules. Jamais un pape ne s'était à ce point identifié à la marche du monde, à ses convulsions et ses recompositions. Aucun n'avait donné une dimension aussi universelle à son rôle.

Un événement trouble soudain le protocole et interrompt ma rêverie. Au-dessus des portraits du pape défunt, se lèvent des banderoles recouvertes de *Santo Subito* (« Saint tout de suite »). Je me dis que la ville des papes est revenue à l'époque des canonisations plébiscitaires et me demande comment demain on pourra se soustraire à un tel triomphe populaire. Et les choses seront en effet rondement menées. Dès le lendemain des obsèques de Jean-Paul II, la presse déborde de récits de miracles. Sans respecter le délai de cinq ans justifié par la nécessité de faire retomber l'émotion, son successeur ouvre son procès de béatification qui aboutira six ans plus tard, le 1er mai 2011, après la guérison d'une religieuse française atteinte d'une maladie de Parkinson, la même que celle qui avait emporté le pape vénéré. Le soir de sa béatification, un deuxième miracle a lieu au Costa Rica : une femme est guérie d'une lésion cérébrale réputée incurable. Jean-Paul II est canonisé le 27 avril 2014 par le pape François, le même jour que Jean XXIII, sans doute les deux plus grands papes du siècle.

Obsèques planétaires et canonisation express : on aurait tort de moquer cette double consécration d'un pape et d'un « système » romain qui, une fois de plus, aura fait la preuve de son brio et de son efficacité. Pourtant, sans aller jusqu'à brûler ce qu'hier j'avais adoré, je ressentais en même temps comme une sorte de malaise. Dès le 8 avril 2005, j'avais été frappé par un pressentiment étrange, celui du crépuscule tombant sur Rome après plus de vingt-six années d'un règne solaire. Une sensation que, derrière la façade éclatante d'une Église tenue à bout de bras par un pape exceptionnel, l'édifice avait commencé de craquer. La conviction qu'après celui qui fut le dernier pape de l'universel, on ne pourrait plus faire reposer la marche de l'Église catholique sur un homme seul, un « monarque » exposé à toutes les lâchetés coupables, aux manœuvres dilatoires, aux erreurs de jugement et de gouvernement, sous le regard d'un monde qui, en un quart de siècle, avait presque plus changé que dans tout le cours du siècle qui l'avait précédé.

Ce pape à vie, chef d'une Église de plus d'un milliard d'hommes et de femmes, ne rendant de comptes qu'à Dieu, je l'avais suivi dans ses voyages drainant des foules considérables, magnétisant ses auditoires, improvisant de longues tirades, amusantes ou graves, au cours d'interminables cérémonies. J'avais connu le « sportif de Dieu » rompant avec les usages guindés du protocole pour un plongeon dans une piscine ou une course en montagne, admiré son physique, ses dons d'acteur, son humour et son énergie, son aisance communicative. Je l'avais vu enfiler des costumes rituels en Océanie ou en Afrique, répondre du tac au tac aux jeunes massés dans les travées du Parc des Princes, mimer des scènes à la Chaplin en faisant des moulinets avec sa canne. Ou serrer dans ses bras des enfants malades du sida.

Mais ce 8 avril 2005, nul n'avait oublié que son dernier combat, c'est contre la maladie qu'il l'avait mené : un combat épuisant de plus de dix ans, une maladie invalidante (Parkinson) qui l'avait peu à peu privé de ses facultés de marcher et même de parler après une ultime intervention à l'hôpital Gemelli. Son corps avait cessé de lui obéir. La télévision qui l'avait tant flatté ne cachait plus rien de ses forces chancelantes depuis l'attentat de 1981 et des opérations compliquées, de sa voix rauque bientôt inaudible, de son visage blême, gonflé par les traitements et secoué par les haut-le-cœur, de ses fièvres. L'homme qui avait foulé presque la terre entière, prononcé des centaines de discours était devenu impotent et muet, cherchant pathétiquement, le dimanche sur la place Saint-Pierre, à retenir la foule de ses derniers accompagnants comme si elle était son ultime souffle.

Personne ne reprochera à ce pape qui ne cachait rien au monde de ses souffrances d'avoir incarné la proximité de l'Église avec la partie la plus faible et la plus fragile de l'humanité. Supportant la douleur et l'épuisement, Jean-Paul II avait fait le choix de ne pas démissionner et d'aller stoïquement au bout de sa mission. Mais, ce 8 avril 2005, comment pouvait-on oublier que la beauté et la grandeur de cette agonie, mondialement médiatisée, avaient été obscurcies par la décomposition d'un règne devenu l'objet d'indécentes spéculations, sur son terme et sur sa succession, et de manœuvres de communication pour dissimuler la dégradation du corps sacré du pontife – la main qui tremble, le visage qui se tord – et imposer la fiction d'un homme surmontant héroïquement la maladie et encore en état de gouverner ?

Cette fin de règne avait retardé les mises à jour nécessaires, provoqué une paralysie désastreuse à la tête de l'Église. Avant même le choix de Benoît XVI, huit ans plus tard, de démissionner, j'étais convaincu qu'aucun système, aussi pyramidal soit-il comme celui-ci, n'avait besoin de tels artifices pour conserver son prestige et pour se perpétuer. Et qu'il était peut-être temps de rompre avec cette incarnation d'un pouvoir romain hypertrophié, avec une papauté à prétention universelle soumise à un mal touchant le plus humble des êtres.

Le soir de ce 8 avril 2005, j'avais le pressentiment d'une autre agonie, métaphore de celle du pape qui venait de s'achever. L'agonie d'un autre corps malade, d'une Église frappée par la foudre que le cardinal Ratzinger avait annoncée quelques jours plus tôt, lors du chemin de croix du Colisée, au soir du vendredi saint 23 mars. Celui qui avait accompagné le pape jusqu'à la fin de son parcours, qui connaissait mieux que personne les dossiers sulfureux remontant jusqu'au Vatican et l'emprise des proches sur ce pape malade avait dit la vérité sur la situation de l'Église. La vérité de l'homme qui parle peu, mais en sait beaucoup : « Souvent, Seigneur, ton Église nous semble une barque prête à couler ! Que de souillures ! Et particulièrement parmi ceux qui, dans le sacerdoce, devraient lui appartenir totalement. Combien d'orgueil et d'autosuffisance ! Les vêtements et le visage si sales de ton Église nous effraient. Mais c'est nous-même qui les salissons. C'est nous qui Te trahissons chaque fois, après toutes nos belles paroles et nos beaux gestes. »

Le scandale de la pédocriminalité était connu, mais sans doute pas avec la gravité révélée ce jour-là par Ratzinger. La première grande affaire éclate en mars 1995 dans la très catholique Autriche, quand le magazine *Profil* publie des accusations de victimes d'attouchements sexuels commis par l'archevêque de Vienne en personne, à l'époque où il était supérieur du séminaire d'Hollabrunn. Le cardinal Hans Hermann Groër, un moine bénédictin sans envergure que Jean-Paul II avait choisi à la tête d'un des sièges européens les plus prestigieux, se mure dans le silence avant d'être poussé vers la sortie par la nomination d'un coadjuteur. Il n'admettra jamais sa culpabilité et ne présentera jamais d'excuses. Mais un bras de fer commence dans l'entourage du pape : le cardinal Angelo Sodano, secrétaire d'État, bloque autoritairement la création d'une commission d'enquête à Vienne réclamée par le cardinal Ratzinger.

Un an après l'Autriche, éclate en France l'affaire René Bissey, du nom de ce prêtre du diocèse de Bayeux-Lisieux reconnu coupable de viol et autres agressions sur une dizaine de mineurs et condamné à dix-huit ans de prison. Mais quand, en 2001, son évêque, Pierre Pican, est à son tour condamné à la prison – trois mois de prison avec sursis – par la cour d'assises du Calvados pour ne pas avoir dénoncé ce pédocriminel, le scandale devient international. Un évêque catholique condamné à une peine de prison, c'est une première et l'affaire française agit comme un détonateur. L'épiscopat adopte un catalogue de mesures contraignantes, mais à Rome, c'est l'heure de la défausse. Dario Castrillon Hoyos, le cardinal colombien qui dirige la congrégation du clergé, adresse à l'évêque français condamné un courrier de félicitations parce qu'il a eu l'« honneur » de refuser de dénoncer l'un de ses prêtres à la justice pénale.

Par contagion, aux États-Unis, en Australie, en Allemagne, tombent en rafale des nouvelles d'agressions commises par des prêtres ou des religieux sur des mineurs. L'épicentre du scandale est Boston où le cardinal Bernard Law est accusé d'avoir couvert des dizaines de prêtres de son diocèse coupables d'abus répétés. Le *Boston Globe* détache une vingtaine d'enquêteurs et publie, en 2002, une série d'articles ravageurs. La mort dans l'âme, le pape se résigne à accepter la démission du cardinal américain dont il est proche. Jean-Paul II, à bout de forces, est abasourdi. Il reste hanté par le souvenir des années noires en Pologne, où des accusations d'abus sexuels étaient régulièrement lancées par les services de la police communiste pour noircir l'image des prêtres et fragiliser l'Église ennemie du régime.

Il ne reste pourtant pas inerte. En avril 2002, il convoque un sommet de tous les cardinaux et archevêques américains. Les abus y sont dénoncés comme un crime, « un effroyable péché aux yeux de Dieu », mais à l'époque, pour les victimes, on est peu bavard et on s'en tient au rappel minimal du devoir de « charité ». Heureusement, à la tête de la congrégation pour la doctrine de la foi, le cardinal Ratzinger balaie les résistances et obtient la signature de Jean-Paul II sur un décret *motu proprio* d'avril 2001 qui oblige chaque évêque à faire remonter à Rome les affaires sensibles sur son territoire. Un mois plus tard, il ajoute une « instruction » personnelle sur les « délits les plus graves » *(De delictis gravioribus)* qui détaille les procédures et les sanctions à prendre contre les prêtres coupables. Avec Ratzinger, le Vatican change de braquet, mais il aura mis vingt-cinq ans avant de prendre la mesure d'abus remontant pour la plupart aux années 1970, sous la pression d'un environnement qui aura changé plus vite que lui. Vingt-cinq ans, c'est une éternité pour des victimes qui réclament justice et pour un monde qui s'impatiente.

Mais revenons au 8 avril 2005. Le jour des obsèques de Jean-Paul II, nous sommes loin de connaître toute la vérité aussi sur le scandale Maciel. Maciel, du nom de ce prêtre mexicain, Marcial Maciel Degollado (1920-2008), qui a fondé dans les années 1950 les Légionnaires du Christ, et sur son passé criminel : pédophilie, double vie, maltraitance, addiction à la drogue, usurpation d'identité, abus de pouvoir, détournement de fonds, corruption, trafic d'influence. L'affaire Maciel restera l'une des ombres du pontificat de Jean-Paul II. Elle met à jour, de manière crue, tous les mécanismes de protection que le Vatican avait mis en place à l'époque des premiers scandales pédophiles pour sauver la réputation de l'Église et les manœuvres qui ont permis à ce prédateur en particulier non seulement d'échapper à la justice, mais encore de manipuler le pape en personne, d'abuser de ses collaborateurs devenus, de fait, des complices.

Le cas Maciel était connu des archives du Vatican depuis… 1956, date à laquelle ce prêtre et enseignant mexicain a été suspendu pour la première fois pour des attouchements sur de jeunes séminaristes. D'autres signalements suivront à la justice de son pays et à Rome, mais resteront sans suite. Le personnage a mis en place un système d'autoprotection d'une redoutable efficacité. Il impose à ses Légionnaires un vœu de silence absolu qui non seulement leur interdit tout propos malveillant sur lui, mais les oblige à dénoncer ceux qui se livreraient à la médisance. Ainsi Maciel est-il parvenu à s'innocenter et éviter toute poursuite. Grâce à son entregent, à son emprise sur l'Église mexicaine, à ses liens avec le monde de la finance, il réussit même le tour de force de faire des Légionnaires du Christ l'une des plus puissantes machines au service de Jean-Paul II. Il crée une quinzaine d'universités, à Rome et en Amérique latine, des dizaines de séminaires, des collèges, des instituts religieux, des écoles pour enfants défavorisés. La Légion compte dans les années 2000 jusqu'à 700 prêtres et 3 000 séminaristes, puis des dizaines de milliers de laïcs engagés, notamment en Amérique latine, dans un mouvement parallèle, appelé *Regnum Christi*.

Pendant que son œuvre est en pleine ascension, Maciel mène une double, voire une triple vie, avec deux femmes à Madrid (dont il a trois enfants) et une compagne au Mexique. Son train de vie – voitures de sport, hôtels de luxe – est fastueux. Mais des rumeurs d'attouchements sexuels le suivent, sur de jeunes gens, mais aussi sur les enfants de sa propre compagne mexicaine. À Rome, d'année en année, les preuves de sa duplicité s'empilent sur le bureau de Ratzinger. Les plaintes redoublent. En 1997, elles viennent du sein même de l'organisation, signées par sept prêtres légionnaires. Mais le Vatican ne bouge pas. L'accusé fait le siège du cardinal Sodano et du secrétaire polonais du pape, Stanislaw Dziwisz, dont il a les faveurs. Depuis le succès de son premier voyage au Mexique en janvier 1979, Jean-Paul II s'est entiché de Maciel, le défend contre les rumeurs, l'érige en modèle de dévouement, de zèle apotolique et de sainteté. En novembre 2004, pour le soixantième anniversaire de son ordination, le pape se laisse photographier à ses côtés. Maciel pousse le cynisme jusqu'à lui présenter ses enfants, Raul et Martita, sans lui dire qui ils sont, pour recevoir la communion.

Comment expliquer « cette relation trouble entre le pape le plus populaire de l'histoire et l'homme le plus malfaisant que l'Église ait connu depuis des siècles », demande l'une des meilleures enquêtrices sur ce scandale, Franca Giansoldati[1] ? L'affaire Maciel est le symptôme quasi-clinique de l'aveuglement de Jean-Paul II et de la corruption de son entourage. Peur de faire remonter jusqu'à

1. F. GIANSOLDATI, *L'Affaire Maciel. Le diable au Vatican*, Paris, Albin Michel, 2015.

lui les affaires pénibles, indulgence mal placée, franche compromission... L'adage dit que lorsque le diable réussit à s'introduire dans la bergerie, il faut s'inquiéter de la bergerie ! De fait, le cardinal Angelo Sodano, ancien nonce au Chili de Pinochet, promu en 1991 secrétaire d'État pour sa connaissance de l'Amérique latine, a tout fait pour aider le Mexicain Maciel à développer son entreprise et mis des bâtons dans les roues de Ratzinger. La Légion était immensément riche. En 2003, le *Wall Street Journal* évalue à 650 millions de dollars son budget annuel. Comment résister à une telle manne ? Comment ne pas succomber à la générosité d'un Maciel qui se promenait avec des liasses de dollars dans les poches, soutenait le syndicat *Solidarnosc* en Pologne ? On sait l'influence qu'il exerça sur un Jean-Paul II convaincu que l'Église du Mexique était aussi opprimée que celles du bloc communiste, menacée par la montée des sectes pentecôtistes et de théologiens prétendument marxistes.

Les principaux cadres du régime wojtylien, les Stanislaw Dziwisz, Angelo Sodano, Franc Rodé, Leonardo Sandri et combien d'autres évêques, au Mexique et dans le monde, ayant bénéficié des largesses de Maciel, ont trempé dans ce scandale[1] ! Depuis longtemps, ils auraient dû s'expliquer, faire amende honorable, demander pardon, rendre des comptes. Mais rien. Ils continuent de plaider l'ignorance, admettent seulement avoir été manipulés par un mystificateur de génie. C'est le cardinal Ratzinger, seul ennemi de taille pour Maciel, qui finira par ouvrir les placards. N'en pouvant plus quand Jean-Paul II, déjà très affaibli à la fin de 2004, rend un nouvel hommage appuyé à la Légion et à son fondateur, il déclenche contre le prêtre mexicain la procédure disciplinaire qu'il retenait depuis si longtemps. En 2006, devenu pape, Benoît XVI réduira Maciel au silence et son ordre légionnaire à une grande opération de transparence dont il ne se remettra jamais vraiment.

8 avril 2005. Au jour des funérailles de Jean-Paul II commence une autre agonie, celle d'une institution salie par une partie des siens, trahie par un « système » romain en bout de course, un

1. Voir J. STOLZ, journaliste, spécialiste de l'affaire Maciel, dans *Mediapart*, 18 février 2019.

pouvoir à prétention universelle, mais solitaire, opaque, refermé sur lui-même, arc-bouté sur une tradition et une bureaucratie coupée du monde, crispée devant toute contestation, glissant sous le tapis les affaires les plus gênantes, verrouillant les questions les plus critiques. Comment croire qu'un pouvoir aussi aveugle et réfractaire au changement puisse survivre à la marche d'un siècle nouveau, à l'incarnation, par un autre que ce « géant » polonais, d'une papauté infaillibiliste, universelle, absolutiste ? L'omniprésence des médias, le charisme propre à ce pape qui était devenu le « curé du monde » court-circuitant toute médiation, son sens aigu de la « primauté » de Rome, la conception missionnaire de son ministère voyageur, son rêve d'un ordre éthique universel ont bouleversé les schémas alternatifs de gouvernement de l'Église qui remontaient à l'époque conciliaire.

Ce pape de la liberté et des droits de l'homme aura restauré des formes d'autorité et de centralisation dans l'Église que, depuis Vatican II, chacun croyait mortes. Partisan du dialogue le plus large à l'extérieur, il a bloqué toutes les initiatives en faveur d'une responsabilité plus large des conférences nationales d'évêques et de procédures synodales plus audacieuses, contribué à un exercice du pouvoir romain plus personnalisé que jamais, rappelé à l'ordre des Églises locales et des congrégations jugées trop à gauche, sanctionné des théologiens contestataires, éradiqué la théologie de la libération, promu les courants les plus zélés et conservateurs comme les Légionnaires du Christ ou l'Opus Dei. Dans son entourage, personne n'osa jamais contredire son discours de condamnation générale de la libération sexuelle qui fera de l'Église l'épouvantail du monde occidental. Ni réagir aux amalgames de ce pape qui, au nom de la défense de la « culture de la vie » contre la « culture de la mort », mettait l'avortement, la contraception, les transferts d'embryons, la procréation médicalement assistée, l'euthanasie sur le même plan que la guerre, le terrorisme, la faim dans le monde ou la toxicomanie.

L'intransigeance de son discours moral n'eut d'égal que son refus de s'attaquer aux privilèges d'une Curie jugée irréformable et que Jean-Paul II délaissait par ses nombreux voyages à l'étranger. En vingt-six années de pontificat, face à une crise sans précédent des ressources sacerdotales, aucune délibération n'a eu lieu sur la question des ministères ordonnés, sur celles du statut déclinant et de la solitude des prêtres au cœur de la crise des abus sexuels, de la participation des femmes aux grandes structures et décisions de l'Église. Pas plus qu'aucun de ses prédécesseurs, il n'a accepté d'ouvrir la question de l'éventuelle ordination d'hommes mariés. Pas un mot n'a été dit en vue de faire évoluer la discipline du célibat dont chacun sait que l'abandon ne serait pas la panacée, mais qui écarte du ministère nombre de jeunes gens qui aimeraient qu'au moins le choix leur soit laissé entre le célibat et le mariage. Ce pape qui, comme aumônier d'étudiants ou prêtre de paroisse en Pologne, avait fréquenté tant de jeunes couples, écrit de superbes livres sur l'amour, sur le génie féminin et les femmes de l'Évangile, est enfin celui qui, dans l'exhortation *Ordinatio sacerdotalis* de 1994, a verrouillé l'accès des femmes à l'ordination sacerdotale. Au cœur de la crise traversée par l'Église aujourd'hui, des théologiennes féministes réclament la « décanonisation » de ce saint pape, « protecteur des abuseurs au nom de la raison d'Église et principal artisan de la construction idéologique de la Femme[1] ».

L'idole Jean-Paul II risque-t-elle d'être déboulonnée ? Sa rigidité morale, disciplinaire, dogmatique n'est pas étrangère à l'actuelle tempête. Sa passivité dans le scandale Maciel, dans l'affaire Marie-Dominique Philippe, du nom de ce théologien en cour à Rome coupable d'attouchements sur des femmes – nous y reviendrons – reste inexpliquée. L'immobilisme des dernières années, les guerres de clan à la Curie sous son règne n'ont pas été sans conséquence sur la gestion des scandales devenue désastreuse, la marche d'une institution dont les contradictions éclateront sous Benoît XVI, la guérilla plus tard menée contre le pape François.

Avant tout jugement définitif, reste la question du pouvoir que je me posais le soir du 8 avril 2005 au Vatican : pour maintenir l'unité d'un catholicisme incarné dans une grande

1. « Nous demandons la décanonisation de Jean-Paul II » : une tribune parue dans *Le Monde* du 11 mars 2019, signée de deux théologiennes françaises, A. SOUPA et C. PEDOTTI, fondatrices de la Conférence des baptisés et baptisées de France.

pluralité de régimes, de races, de cultures, faut-il garder un centre de gravité unique et visible ou répartir autrement les instruments de décision et de pouvoir ? À sa manière, Jean-Paul II avait répondu par plus de centralisation romaine et plus d'autorité. Mais, paradoxe d'un homme plus complexe qu'il paraissait, il avait aussi une parfaite conscience des limites de ce « système ». En 1995, dans son encyclique *Ut unum sint* (« Qu'ils soient un ! »), il avait lancé à ses partenaires de dialogue œcuménique, protestants, anglicans ou orthodoxes, la proposition d'un débat fraternel et patient sur « une forme d'exercice de la primauté » du pape ouverte à la situation nouvelle, sans renoncement aucun à l'essentiel de sa mission. C'est une tâche immense que « je ne peux mener à bien tout seul », avait-il prévenu. Mais soyons clair : ce dialogue sur la primauté n'a jamais été ouvert.

2

11 FÉVRIER 2013

La renonciation de Benoît XVI

La corruption et la démission

À ma table de travail, ce 11 février 2013 à la campagne, à la fin d'une de ces matinées d'hiver où les bruits étouffés par la neige ne laissent entrevoir que l'ordinaire des jours, un coup de téléphone me fait sursauter. Sans préambule, un ami journaliste m'annonce que le pape vient de démissionner et me commande en urgence un « papier ». Quoi, Benoît XVI a « démissionné » ? Je crois à une plaisanterie, mais son ton ne prête pas à rire. Au Vatican, devant une poignée de cardinaux alignés comme des cierges, muets de stupeur, le pape vient de faire, dans son plus beau latin, une annonce inouïe sous les voûtes du palais apostolique : « Je déclare renoncer au ministère d'évêque de Rome, successeur de Saint Pierre, qui m'a été confié par les mains des cardinaux le 19 avril 2005. De telle sorte que, à partir du 28 février 2013 à vingt heures, le siège de Rome, le siège de saint Pierre sera vacant. »

Déjà l'information a fait le tour du monde. Un coup de théâtre, qui n'est ni le trépas subit d'un pape, ni une machination ou un attentat comme celui qui faillit coûter la vie à Jean-Paul II en 1981, vient de déchirer le ciel romain. Un événement que je savais envisageable, mais que je croyais réservé à des périodes ou des circonstances exceptionnelles. Comme celles de l'année 1943 où le pape Pie XII, craignant d'être arrêté par les nazis dans sa Rome occupée, rédigea de sa plus belle plume une lettre de « renonciation », au profit du cardinal de Palerme, en Sicile ! Ce 11 février 2013, la démission d'un pape en période de paix, dans l'exercice normal de ses fonctions, en dehors de toute pression extérieure, ouvre une situation tout à fait inédite.

Il me faudra du temps pour réaliser. Un pape, ça meurt à la tâche, ça ne démissionne pas ! Il peut être sénile, moribond, boiteux ou comateux, mais il n'abandonne pas ! Pie XII a gouverné pendant des années avec des douleurs urinaires et des crises de hoquet. Jean XXIII, avec son cancer de l'estomac, a ouvert le plus grand concile de l'époque moderne. Avec son arthrose, Paul VI a souffert le calvaire dans les couloirs de son palais et Jean-Paul II enduré une longue maladie de Parkinson. Pie XII disait à Domenico Tardini, son secrétaire d'État : « Si je reste, c'est parce que les médecins m'ont promis de retrouver la santé. S'il devait en être autrement, je n'hésiterais pas une seconde à me retirer[1] ! » Jean-Paul II ne faisait pas non plus mystère de sa tentation de renoncer, mais aux journalistes qui l'interrogeaient sur ses souffrances et son âge, il répondait que sa mission avait été confiée par Dieu et que Dieu seul pouvait la lui retirer.

Il faut donc remonter à la nuit des temps pour trouver un pape qui de son gré cède le gouvernail. Au grand schisme d'Occident, quand un Grégoire XII, qui n'a plus d'autorité que sur une petite partie de la chrétienté, décide d'abdiquer le 4 juillet 1415. En plein concile de Constance, il dépose ses insignes pontificaux et reprend ses

1. Voir P. MILZA, *Pie XII*, Paris, Fayard, 2014.

habits de cardinal « avec une joyeuse résignation et une parfaite dignité[1] ». Bien avant lui, le 13 décembre 1294, le vieux Pietro de Morrone, élu pape à Pérouse à l'âge de 84 ans sous le nom de Célestin V, renonce au bout de cinq mois. Ce fils de paysans devenu ermite, qui jouit d'une réputation de sainteté, est tiré de sa retraite, à la suite de tractations entre les familles romaines, jusqu'au trône de Pierre. Mais il n'a aucune expérience du gouvernement de l'Église, ne connaît presque rien au droit canon, au fonctionnement de la Curie et ne possède que des rudiments de latin. Célestin V tire les conséquences de son incapacité et démissionne sans fracas.

Benoît XVI, avant de passer à l'acte, avait semé des indices. En 2009, lors d'un voyage à l'Aquila, il se rend dans la basilique Sainte-Marie de Collemaggio sur la tombe de Célestin V précisément et il dépose sur la châsse le *pallium* qu'il avait reçu le jour de son intronisation quatre ans plus tôt. Clin d'œil à un pape démissionnaire, comme lui un grand spirituel plus qu'un professionnel de la

1. Voir le *Dictionnaire historique de la papauté*, P. Levillain (dir.), Paris, Fayard, 2003.

politique, élu trop tard, affaibli par l'âge et les intrigues, exemple d'abandon dicté par le cœur et la raison. Dans son encyclique *Deus caritas est* de janvier 2006, il s'était montré tout aussi transparent : « C'est Dieu qui gouverne le monde et non pas nous. Nous, nous lui offrons uniquement nos services, pour autant que nous le pouvons, et tant qu'il nous en donne la force. » C'est en 2010, dans un livre-entretien avec le journaliste allemand Peter Seewald, qu'il se montre le plus explicite : « Quand un pape en vient à reconnaître que physiquement, psychiquement et spirituellement, il ne peut plus assumer la charge de son ministère, alors il a le droit et, selon les circonstances, le devoir de se retirer[1]. »

Les spécialistes avaient bien sûr relevé ces petits « cailloux » sur la route d'un pontificat certes chaotique, mais que rien ne semblait devoir empêcher d'aller à son terme. À l'époque, les plus avisés pensaient que ce pape affaibli par l'âge et les affaires, de tempérament humble et homme libre, sans appétit de pouvoir excessif, pourrait bien être

1. Benoît XVI, entretien avec P. Seewald, *Dans Lumière du monde, Le pape, l'Église et les signes des temps*, Paris, Bayard, 2010. Du même P. Seewald, voir *Dernières conversations, avec le pape émérite*, Paris, Fayard, 2018.

le premier à franchir le pas de la démission. Mais les plus nombreux assuraient que cet homme de la grande tradition romaine serait incapable de créer un tel précédent, de lier ses successeurs par une limite d'âge, même théorique, et de peser sur la liberté de choix du pape qui serait élu après lui.

11 février 2013. Les mots tournent en boucle sur les chaînes d'information continue. Des mots aussi irréels que « renonciation », « vacance » du siège apostolique, élection d'un pape du vivant d'un autre pape. Je suis excité par la nouveauté de la situation, la perspective d'un conclave huit ans après celui de 2005 que j'avais suivi de près, un conclave inédit où, pour la première fois depuis plus de six siècles, un pape serait élu du vivant d'un autre pape que personne ne savait encore comment appeler, ni comme il s'habillerait, en blanc ou dans la soutane rouge du cardinal qu'il serait redevenu. J'imagine les caméras de télévision traquant les réactions du démissionnaire, en Bavière ou à Rome, là où il aurait choisi son lieu de retraite. Mais cherchons d'abord les raisons d'une rupture aussi extravagante dans l'ordre des choses vaticanes,

de cette brèche dans un « système » de pouvoir aussi bien huilé et patiné par le temps.

Dans son discours de « renonciation » du 11 février, à la fin d'un consistoire de routine, Benoît XVI ne donne aucune autre raison à sa décision que son âge et sa faiblesse. Il évoque l'ampleur des tâches qui l'accablent et des défis qui attendent l'Église, mais pour les rares cardinaux présents à la cérémonie, le doute n'est pas permis. Le pape démissionne parce qu'il est dans l'incapacité physique d'administrer plus longtemps sa fonction. « Un message d'humilité, de courage et de responsabilité », loue Federico Lombardi, son porte-parole. Pour les mieux informés, c'est un an plus tôt, entre mars et avril 2012, qu'il avait pris sa décision. Il en aurait parlé d'abord à son secrétaire d'État, Tarcisio Bertone, et à son frère Georg, le confident des bons et des mauvais jours, invoquant sa santé déclinante et son épuisement au retour d'un voyage à Cuba et au Mexique. Il se faisait une montagne de celui prévu au Brésil en juillet 2013 pour les Journées Mondiales de la Jeunesse (JMJ).

Ce n'est pas un abandon de poste. Encore moins un coup de force, malgré les rumeurs de complot et de machination qui courent déjà. Depuis le lendemain de son élection, Benoît XVI se connaît des ennemis : « Priez pour moi, pour que je ne me dérobe pas par peur devant les loups[1] ! » Mais le 11 février 2013, il n'est victime d'aucune manœuvre. Il ne fait qu'appliquer l'article 332, alinéa 2, du code de droit canon qui exige que la renonciation du pape, pour être valide, « soit faite librement et dûment manifestée ». Qu'elle ne soit entachée d'aucun soupçon, ni précédée d'aucune rumeur. Que soit exclue toute ambiguïté sur la volonté réelle du pontife de quitter ses fonctions. Elle n'a pas à être soumise, encore moins « acceptée » par qui que ce soit. Le pape doit rester jusqu'au bout en situation de pouvoir plénier. Une poignée de prélats ne pourra jamais extorquer la signature d'un vieillard déboussolé.

C'est la première fois qu'un tel dispositif de « renonciation », pourtant codifié de longue date, est mis en œuvre. Benoît XVI agit en pleine possession de ses moyens. Trois jours avant, il s'était adressé sans notes aux séminaristes de Rome. Il n'est pas

1. Homélie de la messe d'inauguration du pontificat de Benoît XVI, le 24 avril 2005.

l'homme sénile et manipulé que certains ont décrit. Sa liberté de discernement est intacte. Son choix de partir celui d'un homme libre. De cette liberté dont Ratzinger aura toute sa vie usée, sous le regard de Dieu et de sa conscience comme il aimait à le dire. Un pape libre de prendre du champ au moment où il a voulu et dans les conditions qu'il a fixées. Libre d'introduire à la tête de la plus vieille institution du monde une volonté de transition paisible et inédite. Federico Lombardi confiera plus tard : « Je suis convaincu que le cardinal Ratzinger ne voulait pas être pape en 2005 et qu'il a accepté son élection parce qu'il envisageait la possibilité de renoncer. »

11 février 2013. Je repense aux rigueurs de l'âge, aux accidents de santé, aux marathons de ce pape à l'étranger. J'admire l'humilité et le courage d'un homme qui a estimé à un moment donné qu'il n'était plus indispensable et a laissé la place, quitte à décontenancer une partie de ses fidèles pleurant de se sentir abandonnée par une figure paternelle. Je médite sur l'incroyable réaction, mystique et perfide, de Stanislaw Dziwisz, l'inamovible secrétaire de Jean-Paul II qui fait observer que le pape polonais, lui, malgré le corps meurtri par la maladie, « n'est pas descendu de la Croix ».

Précisément, le 11 février, Benoît XVI fait un choix différent de celui de son prédécesseur polonais. Il ne veut pas exposer l'Église à une longue fin de règne analogue à celle de Jean-Paul II, avec les conséquences désastreuses que l'on sait : la confiscation du pouvoir par un entourage qui bloque les dossiers les plus délicats, notamment ceux des abus et de la pédocriminalité.

Peut-on se satisfaire de cette version naïve de l'âge et de la fatigue du pape pour expliquer pareille décision ? Certainement pas. La démission de Benoît XVI est un signe avant-coureur de l'actuelle tempête dans l'Église. Elle est la conséquence et le symptôme d'un « système » romain malade. Elle sanctionne les limites d'un exercice solitaire du pouvoir, de l'élection à vie d'un pape monarque universel, de la centralisation d'un appareil de gouvernement unique au monde. Ce n'est pas la première fois qu'un pape, mort ou vivant, est attaqué comme Benoît XVI l'a été pendant les huit années de son règne. La dépouille de Pie IX, dernier pape-roi de Rome, avait failli être jetée dans le Tibre par les partisans de l'unité italienne. Pie XII avait été fustigé pour son « silence » pendant la Shoah, Paul VI pour son encyclique *Humanae vitae*, Jean-Paul II pour sa morale sexuelle et sa « sainte alliance » avec les États-Unis contre le communisme. Dans le cas de Benoît XVI, il s'agit d'attaques très personnelles, ciblées, rapprochées dans le temps, amplifiées par les bavures de son entourage. Le pape allemand paye sa faiblesse politique et l'incompétence de ses proches. Sa démission du 11 février 2013 est le scénario de sortie choisi par un homme abandonné, désemparé, devenu malgré lui la tête de pont d'une machine décomposée, un roi nu sur une scène vaticane shakespearienne.

« L'homme qui ne voulait pas être pape ! » La formule de Federico Lombardi servira de titre à l'ouvrage biographique de Nicolas Diat[1]. Mais posons la question autrement : Joseph Ratzinger, un des plus grands théologiens catholiques du siècle, était-il seulement fait pour être pape ? Le 18 avril 2005, les cardinaux électeurs du conclave, le premier depuis plus d'un quart de siècle, sont sous le choc de la mort et des obsèques de Jean-Paul II. Malgré son âge, son image clivante et sa faible prédisposition pour la politique, le cardinal Ratzinger s'impose

1. N. DIAT, *L'Homme qui ne voulait pas être pape. Histoire secrète d'un règne*, Paris, Albin Michel, 2014.

comme un successeur naturel. Les plus novices se tournent vers l'ami du défunt pape qu'il a accompagné jusqu'aux derniers instants, celui qui a le mieux épousé sa pensée dans toutes ses aspérités. Son élection-éclair, au bout d'un jour et quatre scrutins, est le fruit d'un enthousiasme collectif autant que d'une offensive très aboutie menée par la majorité la plus conservatrice de la Curie wojtylienne.

Dans la longue histoire des papes, on trouve un moine comme Grégoire XVI, un curé de campagne comme Pie X, un bibliothécaire comme Pie XI, un travailleur manuel comme Jean-Paul II. Mais la majorité d'entre eux sort du sérail : Benoît XV, pape de la Grande Guerre, vient de la diplomatie vaticane, comme Pie XII, celui de la Deuxième Guerre mondiale, comme Jean XXIII et Paul VI, les deux grands papes du Concile. Le profil de Benoît XVI tranche. Lui n'a pas fait ses classes dans la politique romaine. C'est un professeur de théologie à l'allemande, un homme d'études et de conférences, solitaire, secret, réfléchi, devenu à Rome un préfet de la doctrine rigoureux, puis un pape qui doute et s'interroge, pas un catalogue de certitudes. Chaque soir, dans ses appartements privés, il s'installe au piano et joue Mozart. Et la petite musique qui s'échappe alors de

Rome, la sobriété des gestes du nouveau pape, de ses déplacements et de ses discours tranchent avec le style tonitruant de son prédécesseur polonais.

Mais personne n'est dupe. L'Église traverse des temps difficiles. Ratzinger lui-même avait prévenu : « Chez Mozart, il n'y a pas que la joie et la limpidité » de la petite musique de nuit. Il y a aussi le final tragique du *Don Juan* et le *Requiem*. Or, en cette décennie 2000, des drames wagnériens menacent, avec leur lot de tempêtes et de héros païens, les crises internationales, les inégalités féroces de la mondialisation, l'affirmation d'un islam radical depuis les attentats du 11 septembre, la mise au ban du Dieu chrétien dans les sociétés occidentales. Plus que d'un intellectuel courageux, l'Église orpheline de Jean-Paul II avait sans doute besoin, à sa tête, d'un timonier et d'un politique expérimenté. Or le pape Ratzinger, dont on plaisante à Rome en disant que « c'est un cerveau que les cardinaux ont élu », n'est pas taillé pour ce rôle. Avec lui, s'annoncent un exercice plus modeste de la papauté, mais aussi un règne qui ne serait pas de tout repos. Et quand son manque d'autorité se conjugue à la faiblesse de son entourage et à une communication défaillante, on assiste aux pires scénarios.

Une succession de faux pas produit un effet dévastateur. Le 12 septembre 2006, j'accompagne Benoît XVI à Ratisbonne, dans sa Bavière natale, quand il prononce une leçon philosophique sur les dérives de la religion quand elle n'est pas éclairée par la raison. Mais dans son introduction, le pape cite les extraits d'un dialogue, datant du XIVe siècle, entre l'empereur chrétien de Constantinople et un érudit persan, dénonçant la violence propre à la religion de Mahomet. Sortie de son contexte, la déclaration fait le buzz dans les médias américains qui, pour l'anniversaire du 11 septembre, font leurs gros titres sur le pape et l'islam. La manipulation est évidente, mais la polémique s'emballe. Le discours de Ratisbonne enflamme le monde musulman. Benoît XVI est traité d'ennemi de l'islam et de partisan incendiaire du choc des civilisations. Des posters à son effigie sont brûlés dans plusieurs capitales arabes. Il présentera des excuses. On apprend qu'il avait rédigé seul son discours, sans le soumettre à une relecture vigilante.

Un autre dérapage suit, en janvier 2009, quand le pape lève l'excommunication des quatre évêques traditionalistes consacrés sans mandat pontifical, en 1988, par Mgr Lefebvre. Mais dans la liste des quatre, figure Richard Williamson qui, dans une interview à une chaîne de télévision suédoise, nie l'existence des chambres à gaz. Le choc est considérable. La réhabilitation par le pape d'un évêque intégriste et négationniste atterre le monde entier et témoigne d'une improvisation rare à Rome. Que cette interview soit restée inconnue du Vatican ou qu'elle ait été dissimulée à Benoît XVI, c'est un dysfonctionnement strictement incompréhensible. Aucune contrepartie n'avait été exigée en échange de la mesure d'apaisement avec les traditionalistes. On intente au pape un procès de complaisance et de naïveté. Un peu plus tard, dans un avion qui le conduit au Cameroun, c'est pour non-assistance à personne en danger qu'il est pris à partie quand il réveille les polémiques sur le préservatif. Contre tout bon sens, dans un continent africain où le sida a fait des millions de victimes, Benoît XVI déclare que le préservatif « aggrave le problème ».

Mais les attaques les plus cruelles viennent des nouvelles affaires de pédophilie dans le clergé révélées en Allemagne, en Irlande, aux Pays-Bas, aux États-Unis, en Australie. L'opinion s'impatiente et s'indigne. Ratzinger est accusé d'organiser le silence de l'Église, lui qui avait été le premier à dénoncer publiquement ces crimes et à les empêcher par des mesures préventives drastiques. Devenu pape, il a multiplié les directives et les appels aux épiscopats locaux, rencontré des groupes de victimes lors de ses voyages de 2008 aux États-Unis ou en Australie. En février 2010, il rappelle à l'ordre tous les évêques irlandais convoqués au Vatican et rend publique une lettre pour dire toute sa honte. C'est lui qui met au secret Marcial Maciel, le fondateur des Légionnaires du Christ, et diligente une enquête disciplinaire dans les rangs de cette organisation.

Mais rien n'y fait. L'image de Benoît XVI est abîmée par les dérapages et les scandales. C'est l'image de l'homme qui aura à la fois fait le plus pour prévenir le fléau de la pédophilie et failli par son silence dans des affaires délicates en Allemagne, quand il était archevêque de Munich, ou à Rome comme préfet de la doctrine. Les critiques s'abattent sur lui, mettent en cause son absence de sens politique, son incapacité à s'entourer, sa communication calamiteuse. Il ne fait confiance qu'à des médiocres qui le rassurent, comme Tarcisio Bertone, son ancien secrétaire promu « premier ministre », à la tête de la secrétairerie d'État, alors qu'il n'est jamais passé par l'Académie pontificale, n'a fréquenté aucune nonciature à l'étranger, ne connaît même pas l'anglais, ni aucune langue autre que l'italien de son Piémont natal. Bertone se fait pourtant passer pour le « vice-pape », parade à l'étranger, se mêle de politique italienne, explique dans les micros, en pleine polémique, que la pédophilie est une perversion liée à des inclinaisons homosexuelles ! Jamais la Curie n'a été à ce point contestée à cause de la personnalité, plus maladroite que malintentionnée, de son numéro un. Pour sa décharge, Bertone subit la haine de son prédécesseur Sodano qui ne supporte pas d'avoir été écarté par Benoît XVI. La mort de Jean-Paul II a écarté le clan polonais et la Curie se trouve en proie à des luttes sourdes entre clans italiens.

Ce pontificat est perclus d'épreuves. « Vatileaks » est le nom donné à un scandale qui éclate cette fois entre les murs du Vatican. Des centaines de lettres ont été dérobées à la correspondance privée du pape et ont « fuité » dans la presse italienne, fournissant la matière à un best-seller mondial[1]. Parmi les documents volés, figurent des lettres d'un certain Carlo

1. G. L. NUZZI, *Sa Sainteté. Les dossiers secrets de Benoît XVI*, Paris, Éd. Privé, 2012.

Maria Vigano, muté comme nonce à Washington – on en reparlera au plus fort de la tempête pédophile – après avoir révélé des affaires de corruption et de népotisme. D'autres pièces évoquent les scandales sexuels ayant frappé les Légionnaires du Christ ou les tractations de Rome avec la Fraternité sacerdotale Saint-Pie X. Le pape a été trahi par une fraction de son entourage le plus proche. Un homme est arrêté en 2012, qui sera jugé et condamné pour délit de divulgation de la correspondance du pape. Il s'appelle Paolo Gabriele, occupe les fonctions de majordome, est marié, père de famille et jouit d'une bonne réputation. Mais, pour Rome qui bruit de rumeurs de complot, ce fidèle d'entre les fidèles ne peut être qu'un fusible. Pourquoi aurait-il pris pareil risque de voler et livrer ces documents ? On se perd en hypothèses sur les jeux de pouvoir au Vatican, sur l'existence d'un réseau qui aurait voulu faire chuter Bertone dont Paolo Gabriele aurait été l'instrument.

Benoît XVI a hérité aussi de la gestion catastrophique des finances du Saint-Siège. Depuis sa fondation par Pie XII en 1942, l'Institut pour les Œuvres de la Religion (IOR), la « banque du Vatican », est poursuivie par une légende noire, faite de procédures opaques, de comptes maquillés et de blanchiment d'argent. Le scandale Marcinkus, du nom de l'ancien garde du corps de Jean-Paul II promu à la tête de l'IOR, éclate en 1982. Accusé d'avoir investi dans des paradis fiscaux et des banques liées à la maffia, l'évêque américain est arrêté. Longtemps protégé par le pape polonais, en particulier pour son soutien financier à *Solidarnosc*, il laissera un trou de 3,5 milliards de dollars dans les finances de l'Église avant d'aller finir ses jours sur des terrains de golf dans l'Arizona. Il laissera accessoirement quelques cadavres : le 18 juin 1982, on découvre un corps pendu sous le pont de Blackfriars à Londres. Il s'agit de Roberto Calvi, président de la Banque Ambrosiano, l'un des partenaires de la banque du Vatican. Après cet apparent suicide, les enquêteurs remonteront toute une filière de corruption incluant la loge maçonnique Propaganda 2 (P-2) et la banque de Marcinkus.

Le pape allemand s'attaque donc à la remise en ordre des finances vaticanes. En septembre 2009, il nomme à la tête de l'IOR le banquier Ettore Gotti Tedeschi, un homme sûr, proche de l'Opus Dei, qui a collaboré à la rédaction de son encyclique sociale *Caritas in veritate*. Mais, comble de malédiction, Gotti Tedeschi est évincé de ses fonctions, après trois ans d'exercice, par le comité de surintendance de la banque, victime d'un règlement de comptes pour avoir révélé l'existence de comptes chiffrés ayant servi à cacher l'argent sale de politiciens italiens, de constructeurs immobiliers, de hauts fonctionnaires, jusqu'à des dirigeants de Cosa Nostra. Ainsi deux proches de Benoît XVI, son majordome et son banquier, sont-ils limogés presque simultanément, en 2012, victimes de manœuvres et de scandales qui les dépassent.

Des scandales, le Vatican en a connu dans sa longue histoire, mais jamais pareil étalage de rumeurs et de forfaits, pareil détournement de la correspondance privée du pape, pareille résistance à des efforts de transparence financière. C'est dans ce climat délétère que le pape découvre le rapport qu'il a commandé à trois cardinaux expérimentés, Julian Herranz, Jozef Tomko et Salvatore De Giorgi, qui dévoile les abîmes d'un système de corruption au sommet de l'Église, de finances occultes, de vols de documents, de luttes de clans, de blanchiment d'argent. C'est ce rapport des trois cardinaux qui aurait achevé de convaincre Benoît XVI, las et découragé, de donner sa démission, le 11 février 2013, au bout de huit ans de règne.

Des années après, le doute n'existe plus sur le fait que le pape Ratzinger, ayant hérité d'affaires troubles léguées par son prédécesseur, a été l'otage d'un Vatican plus opaque que jamais, d'une Curie où se fomentent des trahisons, des traquenards, des opérations plus ou moins clandestines pour protéger des carrières et consolider des privilèges. Avec la démission de Benoît XVI, une page se tourne de l'histoire d'un Vatican qui, pour toute une partie de l'opinion, va dès lors ressembler, à tort ou à raison, à un nid de corbeaux, de comploteurs, voire de pédophiles et de voleurs. Est-ce, au Vatican, la fin d'un monde ou le reflet d'un monde en décomposition ?

Benoît XVI, pape émérite, s'appelle toujours Benoît XVI et s'habille toujours de la soutane blanche. Il mène une vie monacale à *Mater Ecclesiae*, une petite résidence aménagée pour lui dans les jardins du Vatican, et il prend garde de gêner son successeur. Quel étonnant destin que celui de ce prêtre bavarois élevé sous le régime nazi qui, dans les années 1960 au Concile, passa pour un théologien progressiste, devenu la figure emblématique du conservatisme doctrinal de Jean-Paul II et qui, en démissionnant de la charge suprême, a accompli un acte proprement révolutionnaire. En montrant que le mandat d'un pape peut sans drame s'achever de son vivant, qu'il lui est possible de démissionner sans attendre les rigueurs de l'âge et risquer un affaiblissement de ses facultés à gouverner, il a ouvert une page nouvelle dans l'histoire et l'exercice du pouvoir pontifical. La papauté, fondée sur une monarchie élective et à vie, n'est plus tout à fait la même. La « cohabitation » de deux papes vivants, un pape régnant et un pape émérite, est devenue possible. L'Église s'aligne sur les démocraties modernes et, d'une certaine manière, se banalise.

Sa démission s'inscrit, on l'aura compris, dans le processus long de l'actuelle crise traversée par l'Église. Ce pape a beaucoup œuvré pour endiguer le scandale des abus : repentir, soutien aux victimes, discernement des vocations, encadrement des séminaristes, coopération avec la justice civile. Mais plus qu'aucun autre, il sait que ce mal n'a pas fini de ronger l'Église. Que les associations de victimes ne sont pas apaisées. Que la « culture du silence » continue de régner. Que des résistances se font jour. De sa retraite, il dit tout haut ce qu'il mûrissait sur les racines de ce « mal » qu'il attribue à la faillite de sociétés libérées, depuis Mai 68, de toute norme sexuelle, à l'effondrement de l'enseignement moral de l'Église, à une cabale de théologiens contre le magistère[1]. Ce n'est pas l'analyse du pape François, mais le résumé d'une vie d'études et de combat chez un homme de foi obsédé par le recul de l'idée même de Dieu, par le nihilisme existentiel et par ce qu'il appelait la « dictature du relativisme ». « L'idée d'une Église meilleure, créée par nous-mêmes, est une proposition du Diable », conclut-il comme pour signifier qu'on ne mettra pas fin à cette crise par la seule lutte contre le cléricalisme.

1. Voir l'article de BENOÎT XVI dans la revue théologique allemande *Klerikerblatt*, publié le 8 avril 2019.

3

13 MARS 2013

Le premier pape du Nouveau Monde

L'inconnu et la fronde

Le conclave ? Une élection unique au monde, sans candidat, sans programme, sans campagne. Et la plus fascinante, sous la voûte de la Sixtine, entre ciel et terre, à la fois un cérémonial religieux, un huis clos de théâtre et un vote à bulletins secrets dans la meilleure des traditions démocratiques. Les portables sont verrouillés mais, entre les cantiques et les quatre tours de scrutin quotidiens, monte sous les fresques de Michel-Ange le murmure des conciliabules, des intrigues, des supputations. Croît l'anxiété, à chaque dépouillement sous le tableau du Jugement dernier, quand les regards, suppliants ou apitoyés, se tournent vers les cardinaux dont les noms sont égrenés. Au conclave de la mi-avril 2005 suivant la mort de Jean-Paul II, un électeur trop bavard a trahi le secret des délibérations[1]. Grâce à lui, on sait qu'un cardinal argentin, alors un quasi-inconnu en Europe, avait failli créer la surprise. Son nom : Jorge Mario Bergoglio, qui obtient une quarantaine de voix (sur 115 électeurs) au troisième tour. Avant le quatrième, son visage décomposé et ses yeux émus implorent les électeurs de s'abstenir de continuer à voter pour lui. Son score s'effondre à vingt-six bulletins, libérant la voie au cardinal Ratzinger.

Huit ans plus tard, au conclave de mars 2013, qui croit encore aux chances de ce même Bergoglio, archevêque de Buenos-Aires proche de la retraite (76 ans), peu médiatique et fuyant les interviews, controversé dans son propre pays ? Après la mort de Carlo-Maria Martini sept mois plus tôt, il porte les espoirs de la minorité progressiste qui sont insignifiants. Comme beaucoup de mes confrères, je me risque au jeu des pronostics et écris ces lignes qui me couvriront de honte : « Le cardinal Bergoglio, archevêque

1. Notes du conclave du 14 avril 2005 rédigées sous le sceau de l'anonymat par un cardinal électeur et publiées dans la revue italienne *Limes*, revue des faits politiques, en septembre 2005.

de Buenos-Aires, avait été le principal “opposant” au cardinal Ratzinger lors du conclave de 2005. Ses chances paraissent, cette fois, nulles. Il est âgé de 76 ans et l’épiscopat latino-américain paraît trop divisé entre des forces prudemment libérales et des forces hyper-conservatrices pour que le sous-continent, qui fut longtemps celui de l’espoir pour l’Église, ne fasse émerger au mois de mars le nouveau pape. »

Comment expliquer pareille bévue ? En fait, rien ne se passe comme prévu en ce mois de pré-conclave à Rome où règne une atmosphère de fièvre institutionnelle. Les controverses qui ont suivi la démission de Benoît XVI ne sont pas éteintes et, pour la première fois, les affaires de pédophilie s’invitent à l’élection d’un pape. Le cardinal écossais Keith O’Brien, archevêque d’Edimbourg, une sommité chez les catholiques britanniques, est accusé par trois prêtres et un ancien séminariste de « comportements indécents » remontant à trente ans. Il nie les faits, mais devant le scandale à Rome et dans son pays, il préfère se retirer du conclave. Des pressions identiques s’exercent aux États-Unis pour contraindre à la sortie le cardinal Roger

Mahonny, ancien archevêque de Los Angeles qui aurait protégé des prêtres pédophiles de son diocèse. Avant de tirer sa référence, le pape émérite, Benoît XVI, médite longuement sur la « corruption » dans l'Église et l'« obscurité » du monde[1].

Les « congrégations générales », ce rituel d'avant-conclave où les cardinaux doivent en dire assez pour manifester une préférence, mais pas trop pour ne pas laisser deviner une stratégie, ne se passent pas non plus comme prévu. Elles échappent pour une fois aux discours convenus et aux généralités insipides. La crise de la gouvernance de l'Église monopolise les débats. Depuis Paul VI, plus de trente années sont passées au crible. Ce n'est pas encore le grand déballage, mais les sous-entendus sont lourds. Les cardinaux américains et allemands en particulier réclament une réforme de fond en comble de la Curie. À l'heure d'entrer en conclave, les électeurs ne savent donc pas pour qui ils vont voter, mais ils savent ce dont ils ne veulent plus. D'une Curie

1. Dernière intervention du pape Benoît XVI, le 28 février 2013, date à laquelle il quitte le Vatican pour Castelgandolfo où il demeurera pendant la durée du conclave.

omnipotente dans laquelle il est urgent de faire le ménage. D'une atmosphère de cour et d'intrigues, celle qui a fait chuter Benoît XVI. D'un pape trop faible pour engager une vraie révolution de palais, condition de survie d'un édifice aussi ébranlé.

Dans ce contexte, on pressent que l'élection ne se fera pas selon les critères traditionnels d'âge et d'origine géographique, de sensibilité théologique ou politique. On cherche une personnalité à poigne. Soit un homme du sérail, soit de l'extérieur, mais assez énergique pour se faire respecter de la Curie. Question subsidiaire : revenir à un pape italien, la nationalité qui reste la plus représentée, ou au contraire rejeter les Italiens sous prétexte qu'ils sont trop compromis avec le système ? Les noms de personnalités de tempérament comme Angelo Scola, archevêque de Milan, ou Christoph Schönborn, de Vienne, sont cités. Extérieurs à la Curie, ils en connaissent tous les rouages. Leurs chances croissent à l'inverse de celles d'un cardinal issu des continents du Sud dont l'élection serait synonyme d'aventure. Dans un scrutin aussi ouvert et un climat aussi dégradé, tout pronostic relève pourtant de la plus haute fantaisie.

Rien ne se passe donc comme prévu au Vatican en ce mois de mars 2013. Y compris le choc provoqué, lors de la matinée du 7 mars, par l'effacé cardinal argentin Bergoglio. Son intervention ne dure que trois minutes et demie (il n'utilise même pas tout son temps de parole). Lue à partir de quelques notes, elle se serait égarée dans le flot verbal de ces journées si un autre cardinal, le Cubain James Ortega, ne lui en avait demandé une copie[1]. Ce n'est pas un discours de campagne : pas le genre de la maison, ni de l'homme, mais des mots justes qui, par leur concision, saisissent admirablement l'enjeu et le moment. Des mots qui dénoncent le danger de l'« auto-référentialité » de l'Église, c'est-à-dire son narcissisme théologique. Le cardinal Bergoglio souhaite l'élection d'un pape qui aide l'Église « à sortir d'elle-même pour aller vers la périphérie existentielle de l'humanité et devenir une mère qui vit de la joie douce et réconfortante d'évangéliser ».

Ce pape, ce sera lui. Dans l'après-midi du 13 mars 2013, Jorge Mario Bergoglio est élu au

1. Voir A. IVEREIGH, *François le réformateur, de Buenos-Aires à Rome*, Paris, Éd. Emmanuel, 2017.

cinquième tour de scrutin, soit l'un des conclaves les plus rapides du siècle. Comme si les électeurs avaient voulu reprendre le fil interrompu du conclave de 2005 quand le cardinal argentin était devenu, à son corps défendant, le challenger de Ratzinger. Après l'*Habemus papam*, quand le cardinal français Jean-Louis Tauran prononce le nom de Bergoglio du haut de la loge de Saint-Pierre, le sol tremble sous mes pas. Je réalise qu'une page nouvelle s'ouvre. Que l'édifice romain, déjà fragilisé par les premiers scandales sous Jean-Paul II, traumatisé par les attaques contre un Benoît XVI contraint de renoncer, se jette dans l'inconnu. Il se donne un pape aux antipodes de ses deux prédécesseurs européens, un fils d'immigrés italiens né en Argentine, prêtre et évêque d'une mégapole latino-américaine, Buenos-Aires, symbole d'un nouveau monde urbanisé et globalisé, loin des villages italiens où naissaient les papes du passé. Un jésuite formé dans les *miserias* argentines, proche des théologiens d'avant-garde, élu, malgré son âge, sur la promesse d'une réforme de la bureaucratie romaine et la séduction d'un évêque à l'image de son peuple. Un peuple qu'il appelle à s'ouvrir aux « périphéries » sociales et existentielles.

Premier saut dans l'inconnu : la papauté, autrefois la chasse gardée des Italiens, puis de deux autres Européens, change d'hémisphère. Juste retour des choses, elle gagne l'Amérique latine où vit près de la moitié de la population catholique du monde (500 millions), dont la langue espagnole est la première dans l'Église. Un continent catholique par toutes ses fibres, son histoire, ses références, ses établissements, la place prise dans les débats sociaux et politiques, mais qui souffre des contradictions héritées d'un lourd passé à la fois de régimes autoritaires, de guérillas révolutionnaires, d'expériences marxistes, d'instabilité démocratique, d'accroissement phénoménal des disparités et de violences urbaines. Un continent catholique en perte de vitesse, menacé par la sécularisation et la concurrence agressive des Églises évangéliques. On ne peut pas comprendre la crise qui va suivre à Rome sans se souvenir que ce nouveau pape est un « latino ».

Deuxième clé : Jorge Mario Bergoglio est le premier pape jésuite de l'histoire, une recrue de cette fameuse Compagnie de Jésus, fondée il y a quatre siècles à Paris par le basque Ignace de Loyola, dont on a fait une armée de l'ombre :

discipline de fer, maigreur ascétique et regard de braise, soumission à toute épreuve *perinde ac cadaver* (« ainsi qu'un cadavre »), secret et intelligence manipulatrice, souvenir de l'éradication des hérésies protestante et janséniste, proximité des élites bourgeoises sélectionnées et encadrées dans des collèges de choc. Les effectifs jésuites dans le monde croulent, mais l'esprit demeure que ce nouveau pape incarne : une méthode fondée sur un long discernement et des décisions tranchantes, une présence sur les lignes de front du monde, une « option prioritaire » pour les opprimés, une indépendance d'esprit, une extrême liberté d'engagement et un attachement quasi militaire à la papauté.

Troisième inconnue et la plus déconcertante : la « ligne » de ce pape nouveau qui a choisi le nom de François par référence au saint d'Assise. Son horizon n'est plus celui des guerres européennes qui avaient façonné un pape comme Jean-Paul II, issu de l'Europe slave sous domination communiste, d'une « Église du silence » à la fois plainte et critiquée pour son conservatisme. Ou comme Benoît XVI venu, quant à lui, de cette Allemagne bavaroise où les clochers sculptent un catholicisme de Contre-Réforme, où la liturgie traditionnelle, les ornements, les cantiques se fondent dans le paysage rural, les rites familiaux, les fêtes, la culture, la musique, autant d'éléments qui marqueront la théologie de Ratzinger. Chez les deux papes polonais et allemand, le totalitarisme, stalinien et nazi, avait nourri une vision tragique de l'histoire et de l'existence humaine, celle qui lie déraison, mort de Dieu et anéantissement de l'homme. À Auschwitz et au goulag.

L'horizon du nouveau pape n'est pas davantage hérité de Vatican II (1962-1965) auquel Bergoglio, trop jeune, n'a pas assisté. Ni des clivages entre traditionalistes et progressistes qui, en Europe plus qu'en Amérique latine, ont polarisé la vie de l'Église, l'ont aveuglée sur les crises à venir de moralité et de discipline. Le pape François appartient à un continent où la religion est moins cérébrale, plus émotive, dévotionnelle, populaire, où l'engagement social va de soi et nourrit les controverses autour de la théologie de la libération par exemple. Son horizon est celui du peuple, le peuple du « sous-sol de la planète » comme il dit, de ces quartiers populaires ghettoïsés qu'il a arpentés, sa vie durant, en Argentine et sont, à l'entendre, le réservoir des valeurs oubliées dans les grands centres urbains déshumanisés. À sa façon, François sera le pape de ce nouveau monde globalisé, loin de Rome et de la Curie, hérissé de mégapoles dont sa ville est le symbole, tyrannisé par un système économique libéral qui n'a d'autre loi que celle du plus fort, traversé par les luttes écologiques et sociales, déserté par Dieu ou saturé par les fondamentalismes religieux.

13 mars 2013. Comment, ce soir-là, ne pas pressentir qu'un autre monde est sur le point de s'effondrer à Rome ? Qu'un « système » façonné par des siècles d'hégémonie catholique européenne, modelé par un absolutisme papal réputé infaillible, gouverné par un « centre » romain rigidifié par les luttes d'hier contre la Réforme, contre la Révolution, contre le modernisme, est sur le point d'exploser ? Exploser sous les coups de boutoir venus de cet homme inattendu et de cet événement imprévu, la crise des abus – abus sexuels, abus spirituels – qui va cumuler ses effets à ceux d'une réforme inaboutie de la gouvernance de l'Église menée par ce pape d'un nouveau type et de l'éclosion d'une opposition devenue fanatique.

Se souvient-on encore de ces premières années où le monde est tombé amoureux de François ? Où l'élu du conclave de 2013 s'installe dans un petit trois-pièces à Sainte-Marthe où résident les visiteurs étrangers et les cardinaux du conclave, boudant les appartements du palais apostolique qu'il juge sinistres, coupés du monde, dont les trois cents mètres carrés pourraient loger « trois cents personnes ». Où il rie de bon cœur devant un enfant espiègle qui lui chipe sa calotte et occupe son trône. Où le premier jeudi saint suivant son élection, il choque les bonnes âmes en lavant les pieds, dans la basilique Saint-Pierre, de douze jeunes détenus de la Casa del marmo, célèbre maison de redressement romaine. Où il choisit l'île de Lampedusa, havre des réfugiés survivants de la Méditerranée, comme première destination de ses voyages apostoliques d'où il dénonce la « mondialisation de l'indifférence ». Où, sur la place Saint-Pierre, il fait arrêter sa voiture pour serrer des malades ou handicapés dans ses bras, claquer une bise à des femmes ou boire une gorgée de maté tendu au bout d'une calebasse.

Son verbe spontané enflamme les pèlerins de Rome et les médias. À sa messe quotidienne à

Sainte-Marthe, il convie le personnel du Vatican en commençant par… les jardiniers et les éboueurs. Ses prêches ruissellent d'émotion, se concluent invariablement par la « miséricorde » de Dieu et la « grâce » accordée au pécheur. Il n'y a pas de chiqué chez lui. Un peu de François d'Assise, un peu de Mère Teresa communiant aux souffrances du monde comme au corps du Christ. Sa simplicité rappelle, chez les plus anciens, le bon pape Jean, qui n'avait toutefois pas l'affection aussi tactile et compassionnelle, mais les plus « tradis » se choquent déjà d'une prétendue « désacralisation » de la fonction.

Ils n'ont pas fini de s'alarmer et un procès commence qui ne cessera plus. Car François, c'est plus qu'un tempérament et un style. C'est l'utopie qui ressurgit d'une Église renonçant à ses fastes et ses privilèges pour renouer avec la blancheur et l'innocence des origines chrétiennes. C'est la rupture avec une « mondanité » devenue plus insupportable que jamais à Rome avec les révélations d'abus au sein de l'Église et de « doubles vies » au Vatican même. Rupture avec une institution « auto-référentielle », vivant d'elle-même et pour elle-même. François, c'est un art nouveau de gouverner, allant jusqu'à la guerre assumée avec la Curie et avec le « cléricalisme » promu ennemi numéro un.

Dès le soir de son élection, Bergoglio se présente comme l'« évêque de Rome ». Un évêque parmi les autres, égal aux autres. Le mot de « pape » lui écorche la bouche. Il veut rompre avec les apparats et un régime de monarchie pontificale, mettre en place un management plus collégial de l'Église, franchir des pas nouveaux et décisifs en direction des chrétiens séparés (protestants, orthodoxes, anglicans) pour lesquels la « primauté » de Rome reste l'obstacle à l'unité. Des idées font leur chemin : faire du synode des évêques une assemblée constituante, délibérative et non plus une chambre d'enregistrement. Créer des conférences régionales d'évêques, prototypes des « patriarcats » d'antan, conjuguant la solidarité universelle et l'originalité des cultures locales. François innove d'entrée en créant, pour l'épauler, un groupe de neuf cardinaux (le C9) représentant la diversité des continents, une sorte de « Conseil de la Couronne » tout à fait inédit à Rome.

Il ne veut pas être l'otage de la Curie comme l'avait été Benoît XVI, ni d'une tradition de travail contrôlé à la seconde et à la virgule. Avec lui, le Vatican va vivre le mode aléatoire. Et les orientations qu'il fixe pour changer les méthodes, rétablir la transparence, renforcer la « collégialité », alléger les effectifs, regrouper les « dicastères » (ministères), éliminer les citadelles sèment la terreur autour de lui. Le pape « latino » affole la machine vaticane qui ne contrôle plus son flot verbal, ses initiatives tous azimuts, ne sait plus quel statut accorder à sa prédication quotidienne, à ses rencontres spontanées avec les médias et surinterprétées. Et les critiques commencent à voler bas. Dans un discours à la Curie resté célèbre, le 22 décembre 2014, il règle son compte à une administration dévouée, mais archaïque, intrigante, rétive aux réformes. Il diagnostique les « quinze maladies » qui contaminent le Vatican, stigmatise le « carriérisme », l'« opportunisme », le « fonctionnarisme », l'« Alzheimer spirituel », la « schizophrénie existentielle », la « pétrification mentale », les « visages lugubres », les « commérages », la « médisance », etc. Ces « quinze plaies » font rire, ou pleurer, dans tout Rome. Appelés à réagir, les hommes politiques admettent que tout pouvoir rend fou et que l'Église n'a pas le monopole de ces « maladies ».

Le pape François veut libérer la papauté de son carcan bureaucratique, d'une culture de Curie dont la force d'inertie est terrifiante. Les ambitions de carrière, l'appétit de pouvoir, parfois de richesse et de luxe, la « mondanité » sont désignés comme les ennemis de l'intérieur. Il n'a pas de mots assez durs pour dénoncer le train de vie des « évêques d'aéroport » qui l'entourent. Il n'aime que les pasteurs qui sentent l'« odeur âcre » du troupeau, pas ceux qui portent le dernier parfum pour hommes de chez Armani. Juste après son élection, il reçoit les nonces chargés de préparer les nominations et leur trace ce portrait-robot des évêques selon son cœur : « Qu'ils ne soient pas ambitieux et ne recherchent pas l'épiscopat ! Qu'ils soient des pasteurs proches des gens ! Si c'est un grand théologien, une grande intelligence, qu'il aille ailleurs, à l'Université par exemple. Il y sera plus utile ! Mais qu'ils aiment la pauvreté, aussi bien intérieure comme liberté pour le Christ, qu'extérieure comme simplicité et austérité de vie. Qu'ils n'aient pas une psychologie de princes[1]. »

1. Discours prononcé par le pape François le 21 juin 2013 devant 148 nonces réunis au Vatican au complet pour la première fois depuis septembre 2000.

13 mars 2013. Les cardinaux pensaient avoir élu un pape sur un programme de réformes en douceur. Mais les premiers chantiers que François ouvre sur la réforme de l'Église ou un sujet aussi miné que celui de la famille sont explosifs. La liberté de parole qu'il encourage se retourne contre lui. Venues de secteurs de la Curie parmi les plus influents et d'épiscopats conservateurs, en Afrique ou aux États-Unis notamment, les résistances se liguent. Elles dénoncent le fossé qui se creuse entre la façade démocratique de ce pape et la force de sa poigne, reviennent avec complaisance sur son passé argentin, sa séduction pour le péronisme, son style de curé « latino », très populaire mais démagogique, sa théologie progressiste, son flou ou son laxisme sur des sujets comme l'amour, le sexe, les divorcés-remariés, la place des femmes dans l'Église ou la situation des homosexuels.

Son succès serait celui d'une *religious celebrity* comme on dit outre-Atlantique, amplifié par un appareil médiatique aux ordres ou aux anges, dépourvu de toute évaluation sur son efficacité et son coût. Aucune rupture de fond n'est démontrée, mais un poison se répand : François est un pape qui cherche les approbations du camp laïque en atténuant l'image rugueuse de l'Église et la rigueur de sa doctrine. Ce jésuite libéral serait prêt, sinon à abandonner, du moins à cesser de défendre avec énergie des principes ou des disciplines de plus en plus mal compris de la société moderne et qui ne cessent d'éloigner l'Église de ses contemporains. On cite l'indissolubilité du mariage, l'accès au sacrement des divorcés-remariés, la licéité des moyens de contraception artificielle (pilule, préservatif, stérilet) proscrits depuis l'encyclique de Paul VI – *Humanae Vitae* – en 1968.

Cette stratégie de l'affrontement, le pape François l'a choisie presque sciemment. Et la met en œuvre méticuleusement. Ses passages en force surprennent dans un lieu aussi pétri du respect des usages et des protocoles et qui s'accommode mal d'un pape qui agit sans prendre de gant. Mais il ne prend personne à revers. Ses orientations sont connues depuis l'exhortation *Evangelii Gaudium (La Joie de l'Évangile)* de novembre 2013 et sa longue interview à la même période à la revue jésuite *La Civilta catholica*. La priorité moralisatrice du pontificat de Jean-Paul II n'est pas la sienne. Ni la réaffirmation du centralisme et de la doctrine romaine sous Benoît XVI. Ces deux derniers papes avaient voulu corriger les dérives libérales qui ont suivi Vatican II. Mais lui fait peu référence, ou de manière marginale, au dernier Concile. Les controverses internes ne l'intéressent pas et, avec lui, le schisme lefebvriste s'éternise dans un profond sommeil.

Ce qui l'intéresse, répétons-le, ce sont les « périphéries essentielles ». Il veut convaincre les déçus qui ont quitté l'Église ou les indifférents loin d'elle. Il leur répète que le christianisme n'est pas la suite d'interdits qu'ils imaginent. Ni une religion d'initiés inaccessible. Elle est la religion de la « miséricorde de Dieu », ouverte à tous sans « barrières de douane ». C'est un tournant radical : les origines du pape Bergoglio, son choix de vivre en dehors des appartements princiers du Vatican, son verbe prolifique signent la fin d'une époque. Ses promesses de réforme d'une bureaucratie sclérosée, sa vision d'une Église qui accueille – les homosexuels, les divorcés, les femmes qui subissent un avortement – avant de juger et de condamner, qui soigne les blessures avant de faire régner sa discipline, qui invite ses fidèles à « sortir dans la nuit de nos contemporains » et « à croiser leur route » constituent un changement de paradigme, une rupture avec le christianisme légaliste, la morale obsessionnelle, la lecture critique de la modernité que faisaient ses prédécesseurs. Il dénonce la financiarisation de l'économie mondiale, s'associe aux efforts pour sauver la planète dans *Laudato si'*, son encyclique de juin 2015, propose à l'Europe un accueil plus généreux des migrants économiques et des réfugiés politiques. Ce faisant, il bouscule la bonne conscience d'un monde crispé et d'un catholicisme replié sur des réflexes nationaux et identitaires.

Après un synode épiscopal de deux ans sur la famille (2014-2015), François ouvre timidement la voie à l'autorisation de communier pour les couples de chrétiens divorcés et remariés. Des épiscopats progressistes (Argentine, Allemagne, etc.) se précipitent dans la brèche, mais éclate à Rome une incroyable cabale. Des cardinaux de haut rang rendent publics des *Dubia* (doutes) qui mettent en cause l'autorité du pape, la légitimité de son interprétation du mariage indissoluble, pilier d'une morale catholique qui interdit tout remariage de divorcé et tout sacrement. Les clans conservateurs s'élèvent contre de supposées tolérances de la part d'un pape qui, au nom d'une interprétation libérale des textes, contribuerait à cette pente glissante *(slippery slope)* qui, dans nombre de pays, rendrait inéluctable, à terme, une acceptation généralisée des mariages homosexuels, de l'idéologie du *gender* et de l'euthanasie. À force de livres, de conférences, de perfidies calculées lâchées dans les médias, des cardinaux comme le Guinéen Robert Sarah, en poste à la Curie, mais marginalisé, ou l'Américain Raymond Burke, placardisé par le pape François, alimentent un procès rampant en illégimité.

L'édifice avait commencé de craquer il y a quinze ans déjà. On se souvient qu'après les funérailles et la canonisation de Jean-Paul II, des nuages avaient commencé d'assombrir son bilan. Face à une gouvernance impossible et des révélations d'abus sexuels toujours plus massives, Benoît XVI avait pris congé sur une démission. Pour lui succéder, les cardinaux électeurs ont fait le choix d'un jésuite latino-américain. Mais depuis, impuissant à venir au bout de son programme, ce pape est sous le feu d'opposants ultraconservateurs, voire fondamentalistes. Avec la crise qui s'amplifie, le Vatican est devenu un champ de mines et François le symbole d'une fin de cycle. La fin d'une gouvernance mondialisée de l'Église autour d'un monarque incontesté et d'un entourage aux ordres, arc-bouté sur une routine, des privilèges, une tradition centralisatrice et machiste devenue obsolète.

Deuxième partie

Les trois actes de la grande tragédie

Qu'est-il arrivé à notre Église ? Quels mots autres que ceux de naufrage ou abomination retenir pour qualifier ce scandale des abus sexuels de prêtres sur des enfants, sur des adolescents, sur des séminaristes, sur des religieuses ? Scandale de l'emprise sectaire dans certaines communautés nouvelles et d'abus spirituels sur des personnes vulnérables ? Scandale des « doubles vies » hypocrites de prêtres, d'évêques, de cardinaux dans la clandestinité de leurs presbytères ou leurs alcôves au Vatican ?

L'effondrement de l'Église ne vient pas, comme on l'avait cru, de l'appauvrissement de ses ressources, de ses fractures internes, de la dilution de son message dans une société indifférente ou des attaques de ses adversaires. Son tort est d'avoir consacré trop de temps et trop d'énergie à surveiller ses extrêmes, combattre ses dissidences, moriginer la société moderne, l'envahissement du sexe et fermé les yeux sur un danger autrement plus pernicieux : l'immoralité de toute une partie de son clergé protégé par une archaïque loi du silence, un goût immodéré pour le secret et les arrangements, un sentiment de toute puissance hérité de siècles d'arrogance et d'antagonisme avec la société.

En trois décennies, des années Jean-Paul II aux années François, on est passé du déni à la sidération, de la première riposte, sous Benoît XVI, à la prise de conscience d'un « cancer » généralisé, suivi d'un tardif traitement de choc. Les premières révélations, portant pour la plupart sur des faits prescrits, impliquant d'obscurs prêtres isolés, ont fait place à des scandales massifs, révélant des fonctionnements mystérieux, une gestion chaotique à Rome et dans nombre de diocèses, mettant en cause de hauts personnages et des épiscopats entiers incapables de prendre à temps la mesure du séisme, couvrant des crimes commis sur des innocents, croyant jusqu'au bout protéger une institution en fait rongée jusqu'à l'os, déprimée, dévastée.

Toutes les analyses sur la perte d'influence de l'Église catholique butent désormais sur la réalité médiocre et déprimante de ces abus sexuels commis par des hommes censés incarner la paternité bienveillante de Dieu, mais incapables de maintenir à flot le prestige et la pertinence de leur rôle. Les trois actes de la grande tragédie que nous allons raconter sont successivement celui de la sidération devant les révélations d'abus (chapitre 4), celui de la déflagration qui s'est produite jusqu'à Rome (chapitre 5), celui de la réparation engagée par le pape François, encore inachevée à ce jour (chapitre 6).

4

La sidération

> On présentait à Jésus des enfants pour les lui faire toucher, mais les disciples les écartèrent vivement. Voyant cela, Jésus se fâcha et leur dit : Laissez les enfants venir à moi. Ne les empêchez pas, car le royaume de Dieu est à ceux qui leur ressemblent. Il les embrassait et les bénissait en leur imposant les mains [Marc 10, 13-16].

Entendons-nous bien : l'épreuve est, d'abord, pour les victimes abusées. Elle l'est aussi pour les catholiques qui ont vécu, comme moi, les promesses des années 1960 et découvrent aujourd'hui que le cycle qu'ils ont aimé d'une Église moins cadenassée, moins intransigeante, devenue l'une des grandes expressions morales de l'humanité, s'achève dans la boue d'affaires de mœurs, d'abus de pouvoir, d'agressions sexuelles commises par des prêtres brisant l'innocence d'enfants, discréditant l'image de Dieu et d'une institution à laquelle ils ont consacré leur vie et leurs engagements. Ce qui me pousse à écrire n'est pas la nostalgie de ce monde catholique qui n'existe plus, ni le regret d'un modèle d'Église né au Concile il y a un demi-siècle, que j'ai bien connu, commenté, apprécié par conviction personnelle et pratique professionnelle, mais le dépit et la révolte devant l'amoralité et la corruption d'une partie au moins des élites catholiques.

Ayons le courage de revenir d'abord sur ces années d'incrédulité, voire de déni, qui ont précédé la prise de conscience de cette trahison d'hommes d'Église qui, même en nombre limité, pour des faits anciens et souvent prescrits, faisaient déjà les gros titres. Le courage de comprendre les raisons de ce scepticisme initial, du silence, de la quasi-ignorance des victimes, de l'impact des violences subies sur leur santé mentale et physique, leur vie affective, familiale, professionnelle. Comme d'autres, j'ai pensé que les chiffres publiés étaient gonflés. Ou qu'ils mélangeaient tout, les périodes de référence, les actes récents et les actes prescrits, la pédocriminalité proprement dite et l'attraction de type homosexuel pour des adolescents. J'ai cru que les agressions, aussi monstrueuses étaient-elles, venaient d'individus malades, mais isolés. Un cas m'avait impressionné, celui d'un prêtre irlandais, Brendan Smyth, arrêté en 1994 pour avoir abusé d'au moins 143 enfants à Belfast, à Dublin et dans des États américains.

Comme d'autres, j'ai peiné à comprendre les premiers crachats jetés sur des évêques, des supérieurs de communautés et sur le pape lui-même, confondus avec les brebis galeuses. J'ai été choqué par ce lynchage médiatique dans lequel je reconnaissais les ricanements de ceux qui ont toujours des comptes à régler, le climat hargneux et haineux visant une Église donneuse de leçons, préceptrice en matière de mœurs, mais piégée ici par ses déviations et contradictions. Une Église victime d'une parole libérée, depuis Mai 68, sur « les curés qui abusent, les familles qui étouffent et les parents qui violent[1] ». Une Église qui me semblait endosser le rôle du bouc émissaire dans une société longtemps aveugle sur le crime pédophile, qui en avait même toléré de scandaleuses expressions dans les années 1970, avant de se

1. G. LECLERC, *L'Église face à la pédophilie*, Paris, Éd. de l'Œuvre, 2010.

raviser et de faire tardivement de la protection de l'enfance l'une de ses priorités.

Comme d'autres encore, j'ai crié au procès inique pour la raison indiscutable que la pédophilie n'est pas qu'un fléau catholique, mais une réalité universelle qui trouve son terrain d'élection, si on peut dire, dans tous les milieux familial, enseignant, religieux, sportif, diplomatique. On n'avait pas tort de rappeler à l'époque – et bien sûr cela reste vrai – que toutes les institutions ont pu être atteintes par ces déviances sexuelles et que le célibat des prêtres n'y est pour rien. Pas tort de répéter que la majorité des crimes pédophiles est de nature incestueuse, que les prisons sont peuplées de délinquants sexuels mariés et pères de famille. Ainsi, en ce début des années 2000, était-il encore possible de douter, d'être révolté par le fracas des affaires, par l'acharnement de ceux qu'on osait appeler les *lobbys victimaires*, par la traque aux déviances du clergé menée par des cabinets d'avocats fleurant la bonne affaire (aux États-Unis surtout), par la disproportion entre la réalité des abus, anciens et très minoritaires, et l'incrimination de nombre de prêtres, religieux, évêques parfaitement innocents et respectueux de leur vocation et de leur mission.

Puis les temps ont changé. Le déni a fait place à la sidération quand les langues se sont mises à dérouler les faits, les victimes à sortir de leur isolement, à parler et enfin être écoutées. Quand les récits se sont succédés avec leurs détails sordides. Quand les investigations médiatiques et judiciaires ont mis en évidence le zèle avec lequel l'Église catholique s'était protégée pour échapper aux poursuites, l'ardeur qu'elle avait déployée à punir ses théologiens contestataires plutôt qu'à traquer ses pervers sexuels, à les sanctionner, à les exclure au lieu de les muter, à les traîner devant la justice civile. Je me rendais à l'évidence que l'Église ne devait cette crise qu'à ses propres défaillances et ses échecs. Qu'elle n'en sortirait que par un effort de clarté, une révision de ses procédures, une collaboration plus étroite avec la justice, une vraie réflexion sur sa place dans la société.

En 2004, lors d'une enquête sur les enjeux religieux de la première élection américaine après le 11 septembre, je me rends à Boston, la ville la plus catholique des États-Unis, fille des grandes immigrations irlandaise et italienne. C'est là que je vais mesurer, un à un, les ravages provoqués par la pédophilie dans l'Église. Par des témoins, je me fais raconter ce qui donnera matière à l'excellent film de Tom McCarthy en 2016, *Spotlight*, du nom de la cellule d'investigation du *Boston Globe* : le réflexe de culpabilité paradoxale des victimes, l'aveuglement de parents pour qui le prêtre est l'« ambassadeur de Dieu sur terre » et ne peut commettre ce mal, la dissimulation de pièces accusatoires par des ecclésiastiques bien propres sur eux et la couverture par l'archevêque du diocèse, Bernard Law, de prêtres qu'il savait soupçonnés ou coupables et se contentait de muter de paroisse en paroisse. Ce cardinal proche de Jean-Paul II avait été démis de ses fonctions, mais promu à Rome, comme lot de consolation, à un poste honorifique.

Boston ouvre alors les yeux de l'Amérique sur une réalité qu'elle ne soupçonnait pas : l'immoralité de toute une partie du clergé catholique, dans un pays où cette Église a mis tant de temps à se faire accepter, avec la complicité de sa plus haute hiérarchie. Le nom de John Geoghan, un prêtre qui a agressé et violé plus de 130 garçons, dont le plus jeune avait quatre ans, devient le symbole d'une monstruosité révélée par l'enquête du *Boston Globe* récompensée par le Prix Pulitzer. Le monde sait depuis que la pédocriminalité n'est pas qu'une affaire de quelques prêtres isolés et, dans le meilleur des cas, poursuivis. C'est un phénomène étendu, endémique. Les chiffres publiés, en 2004, par le John Jay College of Criminal Justice de New York font encore référence quinze ans après : aux États-Unis, 4 400 prêtres ont été convaincus, depuis le début des années 1960, d'abus sur mineurs, soit 4 % des 110 000 prêtres du pays. Certains ont été condamnés, d'autres n'ont jamais reçu le moindre rappel à l'ordre.

À New-York, je rencontre Peter Steinfels, alors chroniqueur religieux du *New York Times*, auteur de « Sexual abuse and the Church[1] ». Il m'apprend que les deux tiers des prêtres prédateurs américains ont été formés dans les années 1960 : les années d'une grande hémorragie imposant de

1. Voir l'article de P. Steinfels dans *Commonweal, review of religion, politics and culture,* intitulé « Sexual abuse and the Church », mars 2004. Entretien avec l'auteur à New-York en juillet 2004.

remplir d'urgence les séminaires, les noviciats, les écoles catholiques ; les années de la « culture de répression du sexe », culture du silence et du secret typique de l'Église d'avant Vatican II. Mais le phénomène s'est poursuivi dans les années de la « culture de la dissidence » postérieures au Concile et aux événements de 1968. Culture de la répression, culture de la dissidence : tirant les leçons de la situation, la hiérarchie catholique américaine a adopté, en 2002, une charte « pour la protection des mineurs ». Plus aucun dérapage n'est toléré. Une seule plainte suffit pour renvoyer un prêtre. Des modalités de coopération sont trouvées avec la police et la justice. L'Église doit verser des sommes colossales aux victimes, des diocèses entiers déposer leur bilan, fermer des paroisses, vendre des immeubles, licencier des milliers d'employés. La plupart des évêques auraient dû démissionner sur-le-champ, comme dans n'importe quelle administration ou entreprise américaine… Il n'y aura que trois démissions volontaires !

Ce crochet par les États-Unis achève de me convaincre qu'un scandale qui éclate, un abus, un crime, c'est toujours un scandale, un abus, un crime de trop. Que des affaires fausses ou montées de toutes pièces, des affaires connues et étouffées ont pu exister, mais beaucoup aussi qui sont scandaleusement vraies. Et qu'il y eut trop de vies abîmées, brisées parfois, trop de confiance et d'innocence trahie, trop d'indulgence protectrice. Il m'aura fallu du temps, mais je n'étais sans doute pas seul, pour comprendre et admettre que ce séisme ne se résume pas à la perversion d'individus clivés, immatures, mais qu'il est le résultat d'une lâcheté collective, d'un système de pouvoir qui a longtemps pensé, comme aux États-Unis où l'Église catholique s'est crue protégée par le premier amendement (liberté religieuse), pouvoir échapper à la justice civile, aux règles élémentaires de la transparence et de la légalité. Ce séisme qui est le fruit de pratiques laxistes et dilatoires, d'une culture du secret, de la dénégation, du repli sur des réflexes d'autodéfense institutionnelle, d'une volonté restée intacte de régenter les consciences.

L'évidence d'un mal profond grandit quand les affaires succèdent aux affaires à la vitesse d'un feu de brousse. Quand les chiffres des abus, mieux repérés, mieux identifiés, enfin poursuivis en justice par les victimes, deviennent vertigineux.

Quand leur dissimulation par une hiérarchie muette ou complice est établie. Quand un nombre plus grand de pays, aussi prestigieux dans l'espace catholique que l'Irlande, le Canada, le Chili, les États-Unis, l'Australie, l'Allemagne, la Pologne ou la France sont impliqués. Quand le scandale rattrape des personnalités de haut rang de l'épiscopat mondial jusqu'à des proches du pape. Quand s'y ajoutent d'autres révélations, plus tardives et terrifiantes, d'abus sexuel sur des religieuses commis par leurs directeurs de conscience. Ou de vies en concubinage homosexuel et hétérosexuel de prêtres, d'évêques et de cardinaux. Si ces situations sont de nature différente, c'est bien la moralité de l'Église dans son ensemble qui est attaquée. La moralité d'une institution qui se prétend « experte en humanité » (Paul VI) ou « maîtresse de vérité » (Jean-Paul II), mais pratique à haute dose la dissimulation, qui exige un niveau élevé d'idéal moral, tient un discours culpabilisant sur la sexualité, mais trahit ses principes par son propre comportement.

Aux États-Unis, l'affaire de Boston a fait boule de neige et, en août 2018, c'est de nouveau la consternation quand le Grand jury de Pennsylvanie publie les 884 pages d'une enquête de plus de deux ans dans le clergé catholique menée par le procureur Josh Shapiro. Dans les six diocèses de Pennsylvanie, trois cent et un prêtres ont été poursuivis pour abus sexuels perpétrés sur un total de plus de mille enfants, garçons et filles. Des faits violents qui remontent aux années 1960 et révèlent les mécanismes d'une impunité organisée par la hiérarchie épiscopale pour protéger ses clercs : « Des prêtres violaient des petits garçons et des petites filles et les hommes d'Église qui étaient leurs responsables n'ont rien fait. Et cela durant des décennies », accuse le rapport de Pennsylvanie. Rien n'a empêché, pendant toutes ces années, la machine ecclésiale de tourner, ni les mutations, ni les cooptations, ni les promotions de se faire en dehors de tout critère de moralité.

L'effet de loupe sur cet État américain provoque des réactions dans le monde entier. L'archevêque de Washington, le cardinal Donald Wuerl, ancien évêque de Pittsburgh (Pennsylvanie) mis en cause dans ce rapport pour avoir fermé les yeux, est chahuté dans sa cathédrale au cours de l'été 2018. Il remet sa démission au pape un peu plus tard. À la même période, aux États-Unis, tombe un autre cardinal de haut rang, Theodore McCarrick, lui aussi ancien archevêque de Washington, convaincu d'agressions sexuelles sur des mineurs, mais aussi sur des adultes, séminaristes et jeunes prêtres, qui ont duré des décennies sans la moindre conséquence sur sa carrière. Dès sa nomination comme archevêque de Washington en 2000, des inquiétudes s'étaient exprimées, mais Mc Carrick avait bénéficié d'étonnantes protections dans l'entourage de Jean-Paul II.

La vague ne semble pas pouvoir s'arrêter. En Allemagne, un groupe de psychiatres et de criminologues des universités de Mannheim et Heidelberg achèvent, en septembre 2018, une étude commandée par l'épiscopat sur la pédophilie dans le clergé catholique. Les résultats « fuitent » dans *Die Zeit* et *Der Spiegel* et provoquent un choc dans tout le pays : de 1946 à 2014, un total de 3 677 enfants, en majorité des garçons de moins de 14 ans, ont été victimes d'abus sexuels commis par 1 670 prêtres, soit 4,4 % du clergé allemand. Un tiers seulement des agresseurs ont fait l'objet de procédures canoniques et de sanctions. Les plus nombreux n'ont reçu qu'un avertissement ou n'ont jamais été inquiétés. « Nous sommes accablés et honteux », s'affligent dans les télés les évêques allemands.

Pourtant leurs aveux sont très incomplets. Les enquêteurs révèlent que la hiérarchie allemande a minimisé, voire caché un certain nombre de viols et d'agressions. Ils n'ont pas eu d'accès direct aux archives des vingt-sept diocèses du pays. Des documents ont été détruits, manipulés, ce que confirmera, en février 2019 au Vatican, le cardinal Reinhardt Marx, archevêque de Munich. C'est la sidération en Allemagne, un pays qui avait déjà été éclaboussé par des révélations de centaines d'abus sur des enfants dans des institutions aussi prestigieuses que le collège jésuite Canisius de Berlin ou la chorale de la cathédrale de Ratisbonne. Selon un rapport de juillet 2017, 547 petits chanteurs de Ratisbonne auraient subi, de l'après-guerre à 1992, des sévices sexuels. Georg Ratzinger, le frère de Benoît XVI qui a dirigé pendant vingt ans cette chorale de réputation internationale, a été mis en cause, mais a toujours nié avoir su quoique ce soit.

Sidération aussi en Australie où le scandale est massif et le débat politique intense sur des crimes passés sous silence pendant des décennies. Un total de plus de 4 000 cas d'abus sexuels a été recensé par la justice de ce pays, entre 1980 et 2015, au sein d'une Église dominée par la haute stature, au physique comme au figuré, du cardinal George Pell, ancien archevêque de Melbourne et de Sydney, promu au Vatican, en 2014, pour diriger le tout nouveau secrétariat à l'économie et être admis au C9 des cardinaux du pape François. La chute de cet homme, numéro trois de la Curie, symbole d'une culture catholique très conservatrice, va provoquer un traumatisme national. Le cardinal Pell est en effet rattrapé par son passé, traduit devant la justice australienne pour des agressions commises, en 1996 et 1997, sur deux enfants de chœur de 12 et 13 ans dans la sacristie de sa cathédrale de Melbourne. L'une des deux victimes est morte d'une overdose que ses proches attribuent au traumatisme du viol. En mars 2019, Pell est condamné à six ans de prison. Il clame son innocence, fait appel, mais est évincé de toutes ses fonctions.

Sidération encore dans un pays aussi catholique que l'Irlande où sortent régulièrement à grand bruit des enquêtes, des rapports sur les agressions et viols commis en un nombre record, proportionnel au poids de l'enseignement catholique dans ce pays. Dans le seul diocèse de Dublin, quarante-six prêtres ont été dénoncés, pour la seule année 2009, pour avoir abusé d'un total de 320 enfants. Le scandale est immense. Comme celui de 1992 quand une chanteuse très populaire, Sinead O'Connor, avait déchiré devant les caméras la photo du pape Jean-Paul II, alors en visite en Irlande. Elle s'est expliquée sur son geste : « Dans nos écoles, les prêtres ont battu les enfants comme des bêtes et les ont abusés sexuellement pendant des années. Nous travaillions dans des caves, lavant les vêtements des prêtres dans des éviers avec de l'eau froide et des barres de savon. J'allais à l'école chaque jour couverte de bleus, de furoncles, d'orgelets et de marques au visage. Les sévices étaient physiques, mais aussi psychologiques, spirituels, émotionnels, verbaux. Et personne n'a jamais dit un putain de mot ou fait quelque chose pour moi[1]. »

1. La chanteuse Sinead O'Connor a été l'une des premières à dénoncer en Irlande la pédophilie dans l'Église.

En France aussi, les victimes d'abus se regroupent, alertent les médias, portent plainte. Dans le diocèse de Lyon, l'association La Parole libérée recueille jusqu'à quatre-vingts noms de victimes d'un aumônier scout pédophile, Bernard Preynat, et assigne son archevêque, le cardinal Philippe Barbarin, coupable de l'avoir gardé en fonction comme curé de paroisse. Sous la pression des familles de victimes, les trois précédents archevêques de Lyon n'avaient pas osé déférer, de peur du scandale public, cet aumônier qui sévissait depuis les années 1980. À son tour, Philippe Barbarin se laisse convaincre par la promesse de bonne conduite que Preynat lui fait et, jusqu'en 2015, il continue de le déplacer de paroisse en paroisse, s'exposant à la plainte d'anciennes victimes qui un jour découvrent que le prêtre pédophile est toujours en charge d'une paroisse et en contact avec des enfants.

Au bout d'une longue épreuve judiciaire, déchiré entre la tentation de la démission et le sentiment de « porter le péché d'un autre », de

Voir l'article de M. ATLAN sur le site Slate.fr du 21 août 2018.

payer pour ses prédécesseurs inconséquents, Philippe Barbarin est le troisième évêque condamné, en mars 2019, par la justice française[1]. Et bien malgré lui, son nom restera emblématique d'une Église qui, certes, n'est pas complaisante avec le crime, mais est tétanisée et aveugle. D'une Église qui gère avec amateurisme ses affaires de mœurs, redoute le scandale et la mauvaise réputation plus que le tort fait à des enfants, refuse de croire les plaignants, déplace, au lieu de les virer, ses plus mauvais éléments. D'une Église toujours prête à pardonner, à donner une seconde chance au pécheur, mais incapable de faire le ménage dans ses propres rangs. Et qui, en voulant se protéger, laisse courir des criminels, trahit des innocents et son propre enseignement.

Chaque scandale draine un sentiment d'horreur et d'hébétude. À travers les révélations des médias et de la justice, à Boston hier, puis en

1. Avant la condamnation de Philippe Barbarin, le 5 mars 2019, Pierre Pican, évêque de Bayeux et Lisieux (décédé en juillet 2018), avait été condamné à trois mois de prison avec sursis, le 4 septembre 2001, et André Fort, ancien évêque d'Orléans, condamné le 22 novembre 2018 à huit mois de prison avec sursis.

Pennsylvanie, en Irlande, en Australie, en Allemagne, en France, l'opinion découvre des systèmes de protection quasi-mafieux, gangrenés par des appétits déviants et dévorants. Elle perce à jour la loi du silence organisé : le silence des familles de jeunes victimes qu'on n'écoute pas. Le silence d'une hiérarchie catholique qui couvre parfois de façon méthodique des agressions sexuelles. Le silence et le mensonge institutionnels, l'*omerta* promue comme méthode de gestion de tels crimes. Tout cela dans une Église catholique confondue, à tort ou à raison, avec un ordre répressif, hypocrite et pervers, discréditée et rejetée pour ces déviances et une hégémonie cléricale faite de codes, de privilèges, d'intérêts corporatistes, préférée à l'intégrité physique et psychique d'enfants.

Comme si ce monde était devenu fou et la surenchère sans fin, un autre scandale surgit, celui d'abus sexuels commis cette fois sur des religieuses, des « bonnes sœurs » comme on dit. Les premières dénonciations adressées au Vatican par des congrégations féminines d'Afrique datent des années 1990. En mars 2001, le *National Catholic Reporter* rend publics aux États-Unis d'autres témoignages effrayants de petites sœurs rapportés par Maura O'Donohue, médecin et religieuse spécialiste du sida, et Marie McDonald, supérieure des Missionnaires de Notre-Dame d'Afrique. Des prêtres africains traitent des religieuses de leur pays en esclaves sexuelles. L'un d'entre eux contraint l'une de ces femmes consacrées à avorter après l'avoir mise enceinte. L'inertie des autorités s'expliquerait par un préjugé répandu en Afrique selon lequel le célibat des prêtres interdit le mariage, mais pas les rapports sexuels. La peur du sida ferait aussi de la femme religieuse un partenaire sexuel plus sûr. Ajoutons le mépris affiché pour la vie consacrée féminine, surtout en Afrique, et le soutien matériel fourni par les clercs à des bonnes sœurs en échange de faveurs sexuelles.

Ce fléau qui touche l'Afrique subsaharienne n'épargne pas l'Asie. En Inde, c'est même un évêque, Franco Mulakkal, qui est arrêté en 2015, jugé et emprisonné à la suite de viols au Kérala commis sur une religieuse de la congrégation des Missionnaires de Jésus. Et un documentaire de la chaîne Arte témoigne également d'abus sexuels commis par des prêtres ou des religieux sur des femmes en France et en Italie, provoquant un choc considérable chez les catholiques de ces pays et la colère des féministes[1]. « Au motif que des religieuses donnent leur vie pour servir, des prêtres se sont servis, s'indignent des théologiennes comme Anne Soupa et Christine Pedotti. Ils se sont servis sur le corps de femmes, niant leurs vœux, leur parole, leur dignité, leur personne même, leur être de femme libre et responsable de son corps. Entre leurs griffes, ces femmes ont été dépossédées, réduites à une fonction sexuelle, un usage que l'on s'accorde, puis que l'on jette ou qu'on "refile" à un autre pour qu'il en profite en toute impunité[2]. »

Il n'y a pas loin de l'abus spirituel à l'abus sexuel. Ce sont les deux faces d'une même pièce de monnaie, écrit justement Blandine de Dinechin[3]. Le monde clos génère des abus d'autorité dont les

1. *Religieuses abusées, l'autre scandale de l'Église*, remarquable enquête et documentaire de M.-P. RAIMBAULT et E. QUINTIN. La première diffusion a eu lieu le 5 mars 2019.

2. Dans une tribune du *Monde* du 11 mars 2019.

3. B. DE DINECHIN et X. LÉGER, *Abus spirituels et dérives sectaires dans l'Église,* Paris, Éd. Mediaspaul, 2019.

femmes sont le plus souvent les victimes, allant jusqu'à des phénomènes d'emprise psychique et physique qui, dans la vie civile, seraient punis par la loi. L'une de ces victimes, Marie-Laure Janssens, sortie de la vie religieuse, démonte dans un livre le système en vigueur dans des communautés qui imposent à leurs novices ou moniales déjà consacrées une coupure radicale avec leur famille, une dépersonnalisation – pas de visite à un médecin sans chaperon, pas de livre pris à la bibliothèque sans autorisation – et une infantilisation aux ordres d'une supérieure générale à qui tout remonte et qui s'introduit, au nom de Dieu bien sûr, dans le plus intime des consciences[1]. Parfois l'entourage donne l'alerte et Rome finit par diligenter un visiteur apostolique, mais l'emprise ne disparaît pas pour autant. Avant d'en arriver chez le juge, que de barrières !

Tous les abus spirituels ne conduisent pas à des abus sexuels, mais tous les abus sexuels sont des abus spirituels dans un système où la figure du prêtre est celle de délégué de Dieu sur terre.

1. M.-L. JANSSEN, *Le silence de la Vierge*, témoignage recueilli par M. CORRE, Paris, Bayard, 2016.

Aujourd'hui, la parole se libère et des femmes, laïques ou anciennes religieuses, ne craignent plus de raconter, dans les médias ou des livres-confessions, les abus dont elles ont été les victimes, commis par un « aumônier » ou un « directeur de conscience » qui a exploité sexuellement leur fragilité, leur docilité, leur vœu d'obéissance. L'histoire de ces femmes commence toujours par le même désir d'être écoutée et accompagnée : « Je lui ai raconté mon histoire, je lui ai dit que ça n'allait pas, que je ne me sentais pas bien[1]... » Elles se poursuivent par des récits d'attouchements sur les mains, les bras, les seins, les cuisses, justifiés par le confesseur au nom de son autorité spirituelle, de sa certitude (la sienne !) que la volonté de Dieu s'accomplit, que l'amour de Jésus passe par là, n'exclut pas des séances de toucher.

Les témoignages d'anciennes disciples de Marie-Dominique Philippe, célèbre dominicain fondateur de la communauté des Frères de Saint-Jean,

1. Récit d'A.-L. FOURNIER sur les abus dont elle a été victime de la part des deux frères Marie-Dominique et Thomas Philippe. Paru dans la revue de l'*Aide aux victimes de dérives dans les mouvements religieux et à leurs familles*, juin 2016.

et de son propre frère, Thomas Philippe, cofondateur de la communauté de l'Arche, soulèvent le cœur. Dans ces communautés de Saint-Jean et de l'Arche, des enquêtes et des demandes de pardon, plus contraintes que sincères, ont suivi l'étalage public de leur forfait, mais elles n'ont pas dissipé le malaise et la consternation. De tels phénomènes d'emprise, allant jusqu'à l'exploitation sexuelle de femmes, laïques ou ayant consacré leur vie à Dieu, dépassent l'entendement. On est ici dans l'ordre du trafic humain bien plus que celui de la direction de conscience dont ces abuseurs se revendiquaient les experts.

Pour la très grande majorité des catholiques, le stade du déni, des doutes et des premières réactions émotionnelles est aujourd'hui dépassé. Après la sidération, c'est bien de souffrance, morale et spirituelle, qu'il convient de parler. Qu'un confesseur puisse abuser de sa pénitente, qu'un prêtre puisse détruire les promesses de vie d'un enfant est un crime odieux. C'est le message même du Christ que viole le pervers : « Ce que vous ferez au plus petit d'entre mes frères, c'est à moi que vous le faites » (Matthieu 25, 40).

C'est l'image de Dieu qu'il broie dans son propre cœur et celui de la personne fragile. Comment continuer de croire que les mains qui consacrent le corps du Christ sont celles aussi qui salissent un enfant ? Comment continuer de croire aux appels d'une Église à la solidarité avec les plus vulnérables, d'adhérer à sa proposition d'une sexualité maîtrisée, responsable et épanouissante, quand sa parole est bafouée par des hommes dont la mission même est de la défendre ? Sans doute la grande injustice serait de voir derrière chaque prêtre un pédophile potentiel, mais cette réserve ne dispense pas d'exiger que l'Église fasse preuve de plus de modestie et de pertinence dans son discours moral, qu'elle réponde, autrement que par la répétition d'interdits et de normes, à la demande de valeurs et de sens.

5

La déflagration

> Oui, c'est une grande crise. Nous avons tous été bouleversés. On aurait dit un cratère de volcan qui assombrissait tout et salissait tout, si bien que toute la prêtrise apparut comme un lieu de honte [Benoît XVI, 2010].

Le premier acte, celui de l'aveuglement et du déni, avait coïncidé, peu ou prou, avec les années Jean-Paul II. L'homme qui gouverne ces années-là l'Église est malade. Son entourage verrouille tout et cache une partie du désastre. Les abus sexuels de prêtres font partie, pour le pape polonais, de ces vieilles histoires qu'on racontait dans les pays communistes pour disqualifier l'Église dans la population. Benoît XVI, son successeur, change de position. La protection des victimes passe avant celle de la réputation de l'Église. Les prédateurs sont publiquement dénoncés, comme ce psychopathe de Maciel au lourd passé criminel, si longtemps défendu par les cadres du régime wojtylien. La tragédie des abus blesse Joseph Ratzinger au plus profond de son être sacerdotal. Dans *Lumière du monde*, il compare la succession des scandales à « un cratère de volcan d'où surgissait un énorme nuage de poussière qui assombrissait tout, qui salissait tout. Où le sacerdoce était devenu un lieu de honte[1] ».

Le nouveau pape latino-américain, lui, a été élu pour réformer l'Église, la convertir à l'esprit de pauvreté, de dialogue et de paix du saint d'Assise à qui il a emprunté le nom. Mais les affaires de mœurs le happent à son tour et saccagent son monde intérieur, celui d'un sacerdoce propre et engagé, d'une austérité de vie toute franciscaine, d'une proximité avec le « peuple » de ses fidèles et des pauvres. Lui qui ne voulait pas d'une Église « autocentrée », le voici brutalement rattrapé par des affaires domestiques qui bouleversent son agenda de réforme, minent son crédit, détraquent le fonctionnement même de l'institution. Avec la

1. Benoît XVI, *Lumière du monde. Le pape, l'Église et les signes des temps*, entretien avec P. Seewald, Paris, Éd. Bayard, 2010.

crise des abus, les médiations traditionnelles entre le Saint-Siège, les diocèses, les conférences épiscopales, les tribunaux ecclésiastiques s'effondrent. Le court-circuitage devient la règle, aggravé par les représentations nées de l'imaginaire médiatique où le Vatican se mue en un système clos et fantasmagorique. Où le pape est seul à pouvoir décider et agir. Où, *de facto*, il se trouve obligé de monter en première ligne et se porter personnellement garant de toutes les victimes.

Son voyage au Chili, en janvier 2018, est la réalisation grandeur nature de cet improbable scénario. François y commet son premier impair dans un pays qu'il connaît pourtant bien, l'un des plus touchés au monde par le scandale de la pédophilie. Quand il débarque à Santiago, l'ambiance est électrique. Des dizaines de victimes d'abus sexuels et leurs familles viennent dire au visiteur leur lassitude devant l'inertie de l'Église. Depuis trois ans, une polémique fait rage sur le nom de Juan Barros que le pape, en 2015, a nommé évêque à Osorno au sud du Chili. Barros aurait été témoin de scènes d'agression commises par Fernando Karadima, un prêtre connu pour son zèle à la paroisse d'El Bosque, la plus brillante de

Santiago. Karadima est un gourou, qui attire les fidèles et beaucoup de vocations, mais c'est aussi un prédateur. Reconnu en 2011 par le Vatican coupable de viols sur des dizaines d'enfants, il est suspendu et contraint de se retirer dans une vie de pénitence.

Quand Juan Barros est nommé évêque, les médias fouillent son passé et découvrent qu'il ne fut pas seulement un disciple spirituel de Karadima, mais son homme de main. À l'archevêché de Santiago, il aurait détruit des preuves de sa culpabilité. Devant la polémique, il offre sa démission au pape qui la refuse. Mais dès son arrivée au Chili, François est harcelé par les questions des journalistes et résiste. Il réitère sa conviction que l'évêque d'Osorno est innocent, réagit même avec brutalité : « Le jour où vous m'apporterez une preuve contre l'évêque Barros, je vous parlerai. Il n'y a pas une seule preuve contre lui. Tout est calomnie. C'est clair ? » Au Chili et dans la délégation du Vatican, c'est la consternation. Ce pape qui déteste l'entre-soi clérical devient la caricature du mépris de l'institution pour ses victimes. Président de la commission pontificale pour la protection des mineurs, le cardinal américain Sean O'Malley recadre publiquement le pape.

À son retour à Rome, François reconnaît qu'il a eu des mots malheureux et fait volte-face. Il envoie au Chili Charles Scicluna, un évêque de Malte devenu le meilleur expert à la Curie pour les affaires de pédophilie. Ce juriste s'acquitte parfaitement de sa tâche et les deux mille pages du rapport qu'il publie sont accablantes. Le pape s'est trompé. Ou plutôt il a été trompé par un épiscopat chilien qui a cherché à se protéger et à protéger Karadima, le prêtre abuseur. Le rapport met en cause un ami de longue date du pape François, Francisco Errázuriz, ancien archevêque de Santiago, qui a ralenti les enquêtes, étouffé le scandale, empêché même la nomination d'une victime de Karadima, un homosexuel du nom de Juan Carlos Cruz, pour siéger à Rome à la commission pour la protection des mineurs que le pape vient de mettre sur pied.

Conscient d'avoir été floué, indigné par les critiques qui le visent, le pape fait publiquement son *mea culpa*. En avril 2018, il reçoit des victimes de

Karadima, parmi lesquels ce Juan Carlos Cruz à qui il tient ces propos rapportés par les quotidiens *El País* et *The Gardian* : « Juan Carlos, le fait que tu sois gay importe peu. Dieu t'a fait ainsi et Il t'aime ainsi et tout le reste ne m'intéresse pas. Le pape t'aime comme tu es. Tu dois être heureux comme tu es. » Des mots qui, on le devine, font polémique. Mais François ne s'en tient pas là. À la mi-mai 2008, il convoque à Rome l'épiscopat chilien au complet. La réunion se passe mal et les trente-quatre évêques doivent remettre leur démission. Du jamais vu. C'est la première reconnaissance d'une responsabilité collective d'un épiscopat dans des affaires de mœurs. Après enquête, sept évêques seront effectivement limogés, dont celui d'Osorno à l'origine de la polémique, et du numéro un, le cardinal Riccardo Ezzati, archevêque de Santiago, qui n'a pas dénoncé des agressions commises par trois de ses prêtres. L'Église du Chili est assommée, son épiscopat décapité, Karadima chassé de l'état clérical. Cette affaire aura démontré à la fois la lâcheté d'une Église locale et les improvisations de Rome[1].

1. Pour bien comprendre l'affaire chilienne, on se reportera à l'excellente enquête de C. CHAMBRAUD, dans *Le Monde* des 21-22 août 2018.

Une autre déflagration se produit, en août 2018, avec l'affaire Vigano, une cabale montée par des adversaires du pape à la Curie. Carlo Maria Vigano est un diplomate de 77 ans qui a laissé son nom à la nomenclature des scandales qui ont émaillé la fin du mandat de Benoît XVI. En 2009, le temps est à l'assainissement des finances et le pape allemand nomme Vigano à la direction du « gouvernorat » de l'État de la Cité du Vatican où il se fait une réputation d'homme intègre et rigide, mais s'attire beaucoup d'ennemis. Deux ans plus tard, Benoît XVI l'éloigne dans une nonciature prestigieuse, celle de Washington. Mais Vigano vit cet exil outre-Atlantique comme une injustice, le désaveu du bon combat qu'il dit avoir mené contre la corruption au Vatican. Aux États-Unis, il ronge son frein, mais son retour à Rome sans affectation, en avril 2016, est perçu comme une humiliation.

En plein scandale Mc Carrick, du nom de l'ancien archevêque de Washington qui vient d'être limogé pour pédophilie et homosexualité active, Vigano règle ses comptes. Le texte de onze pages qu'il publie, le 25 août 2008, dans des médias italiens, américain et espagnol est une bombe[1]. On y trouve beaucoup de faits déjà connus et un tissu d'approximations, d'insinuations, de perfidies sur la Curie, sur les jésuites ou sur les hôtes de Sainte-Marthe, la résidence du pape. Son réquisitoire tient en quatre points : 1. le pape François n'ignorait rien des pratiques de McCarrick, ce cardinal honteux qui l'avait soutenu au conclave de mars 2013 et est devenu son conseiller numéro un pour l'Église américaine ; 2. c'est ce cardinal à la moralité plus que douteuse qui a dicté toutes les nominations d'évêques de gauche aux États-Unis ; 3. le pape Benoît XVI avait pris des sanctions contre lui, mais McCarrick a refusé de se soumettre, et c'est contraint par la pression médiatique que François s'est résolu à le mettre à pied ; 4. cette affaire démontre l'existence de « réseaux homosexuels » au plus haut niveau de l'Église, comptant des prêtres, des évêques, des cardinaux « très actifs » et d'autres prélats

1. La lettre de C. VIGANO, ancien nonce apostolique à Washington, a été rendue publique dans le quotidien italien *La Verita*, aux États-Unis dans le *National catholic register* et *LifeSite News* et dans le bulletin espagnol *Infovaticana*.

pro-gays qui travaillent à « subvertir la doctrine catholique ».

Ainsi, selon Vigano, le pape aurait été le complice d'un personnage obscène de l'Église, un cardinal connu pour coucher avec des séminaristes et de jeunes prêtres qu'il présentait comme ses « neveux », trompant son monde par un discours homophobe et une combativité rare contre les curés pédophiles. Son jugement est sans appel : « Le pape François a abdiqué le mandat que le Christ a confié à Pierre de confirmer ses frères. Par ses actions, il les a divisés, il les a induits en erreur, il encourage les loups à continuer à déchiqueter les brebis du troupeau du Christ. En ce moment dramatique pour l'Église universelle, il doit reconnaître ses erreurs et, en cohérence avec le principe annoncé de tolérance zéro, il doit être le premier à montrer le bon exemple à tous les cardinaux et évêques qui ont couvert les abus de McCarrick en démissionnant avec eux. »

Le pamphlet de Vigano fait le tour du monde. La demande de démission d'un pape qu'il juge incapable de purger son Église pétrifie le Vatican. Pour la première fois, la charge vient de l'intérieur du sérail, d'un évêque qu'on présente comme un carriériste revanchard, aigri de ne jamais figurer sur les listes de nouveaux cardinaux. Mais cette attaque est signée. Elle vient du camp conservateur anti-François dont le réquisitoire de Vigano reprend tous les clichés : le pape savait tout et n'a rien fait ; Benoît XVI était autrement plus sage et actif pour traquer les criminels ; l'Église est assiégée par des réseaux homosexuels auxquels François est en train de céder ce que la doctrine catholique, sur ce thème et celui de la sexualité en général, a de plus cher.

Je me frotte les yeux. Même à l'époque de Benoît XVI, je n'avais assisté à pareille offensive contre le pape à l'intérieur même des murs du Vatican. Est-ce une vengeance personnelle ? Une cabale montée par un homme seul ou Vigano est-il un pion manipulé ? En ce mois d'août 2018, Rome est sens dessus dessous. C'est la fin d'un monde, dit-on, sur fond de rumeurs de conspiration et de « coup d'État ». Des quotidiens italiens ressortent les pages les plus noires de l'histoire du Vatican moderne, celles du dernier Concile avec ses manœuvres, ses coups bas, ses attaques intempestives. Mais la nouveauté, c'est qu'un abcès a crevé. Le fléau des scandales sexuels ranime des rancœurs, révèle en grand toute l'apathie du système, met à nu ses pires scléroses. La crise des abus est une crise du système. Comment ne pas se souvenir que ce McCarrick, déchu par François de sa dignité de cardinal, avait réussi à gravir tous les échelons sous Jean-Paul II, puis que Benoît XVI n'a pas eu le courage de le châtier. Pour qu'il tombe, il aura fallu non pas une décision venue d'en haut, mais un simple soupçon de viol sur mineur dans son pays, suivi d'une plainte qui l'a conduit devant un policier.

Ce scandale McCarrick, comme l'affaire chilienne, comme l'assaut épistolaire de Vigano, comme les révélations d'une pédocriminalité de masse en Pennsylvanie, en Irlande, en Allemagne, en Australie signent la déroute d'une chaîne de commandement de l'Église qu'on disait l'une des meilleures au monde, comparée à General Motors ! Des épiscopats entiers, accusés d'avoir caché des faits criminels, sont dans la tenaille. Quel évêque, de soixante-dix ans ou plus, peut dire qu'il n'a pas été confronté à au moins un cas de pédophilie dans son diocèse ? Des proches du pape sont cités devant les tribunaux ou traînés dans la boue par les médias internationaux, comme le cardinal australien Pell, comme le « primat des Gaules » Barbarin, condamnés à des peines de prison, comme le vieux cardinal Francisco Errazuriz, inquiété par la justice chilienne et exclu du conseil des cardinaux proches du pape, comme le cardinal Rodriguez Maradiaga, le plus proche d'entre les proches de François, contraint aussi de rendre des comptes à la justice du Honduras, son pays, après le limogeage de son évêque auxiliaire pour de « sérieuses inconduites et connexions homosexuelles » avec des séminaristes de son diocèse.

Les explosions de l'année 2018 ne vont pas s'arrêter là. Après le scandale chilien, après l'exclusion de McCarrick, après la bombe Vigano, après les condamnations de cardinaux à la prison, voilà que sont démasquées, à l'intérieur même du Vatican, nombre de pratiques homosexuelles et de « doubles vies ». Cette fois, c'est une enquête de quatre ans, menée à Rome et à la tête de plusieurs épiscopats nationaux par un écrivain français homosexuel, Frédéric Martel, ayant toutes ses entrées à Rome, qui révèle ces agissements et suscite au Vatican l'effarement. Le portrait quasi-fellinien qu'il trace, dans son ouvrage intitulé *Sodoma*, de la vie dans le plus petit État du monde, complète le tableau déjà ahurissant jusqu'ici de l'hypocrisie et de l'immoralité au sommet de l'Église[1].

Avant de connaître cet auteur, je n'avais jamais eu d'entrée dans la communauté homosexuelle. Je m'étais seulement heurté à certains des siens quand il m'arrivait de rappeler que le mot de « préservatif » n'avait jamais été prononcé par Jean-Paul II, donc que le pape ne l'avait jamais explicitement désavoué et qu'il était dans son rôle quand il tenait sur le sida un discours qui n'était pas qu'hygiénique. Arguments inaudibles dans ces années 1980 où l'épidémie avait déjà fait des millions de victimes. De même, avais-je suivi les batailles autour des unions de même sexe en Espagne, en France, ahuri à la fois par l'activisme gay sur des terrains comme le mariage et la filiation, ancrés depuis toujours sur la différence structurante des sexes, et par le militantisme d'évêques très à droite partis à l'abordage en tête de manifestations contre le « mariage pour tous ».

1. F. MARTEL, *Sodoma. Enquête au cœur du Vatican*, Paris, Robert Laffont, 2019.

Quitte à paraître naïf, je ne pouvais pas alors deviner que l'homosexualité était l'un des secrets les mieux gardés du Vatican, de quelques palais épiscopaux et de la vie de simples prêtres. À la lecture de *Sodoma*, j'entrais dans un autre monde. J'apprenais que la surenchère des prises de position dites homophobes, dans la bouche d'éminences catholiques, était, en fait, une façade destinée à dissimuler leurs propres inclinaisons et pratiques. Je comprenais le lien qui existait entre des combats menés contre l'avancée des droits de la communauté LGBT et l'homosexualité pratiquée dans l'Église. Je réalisais qu'un milieu de pouvoir aussi exclusivement masculin pouvait être une destination de choix pour des jeunes séminaristes de cette orientation sexuelle. Et que l'homosexualité était devenue au Vatican un système de cooptation, de complicité, de dissimulation même dont certains pédocriminels auraient pu profiter.

Le livre de Martel m'a ouvert les yeux sur cet univers extravagant en un tel lieu de jeux du sexe et du pouvoir. Il décrit les coteries gays, les clans polissons, les rancards clandestins, les codes, les anecdotes sordides de toute une vie souterraine au Vatican. Il met en cause des cardinaux importants ou des prélats bien en cour, comme Sodano, Tauran, Müller, López Trujillo, Burke, Maciel, etc. Son enquête a des défauts. Elle ne distingue pas toujours les faits avérés de la simple fiction, des soupçons, des rumeurs et des règlements de compte. Elle passe, sans transition, du subtil « amour d'amitié » qui unissait par exemple un pape comme Paul VI et le philosophe Jacques Maritain à des récits de bacchanales furieuses dans les parcs romains, de sorties arrosées dans les bars et saunas gays, de soirées mondaines dans les locaux de telle congrégation de la Curie, de batailles épiscopales aux accents de *Games of throne*, en Italie ou en Espagne.

Mais malgré ses outrances, personne n'a démenti le propos de *Sodoma*, ne lui a apporté la contradiction, ni lancé de contre-enquête. Personne n'a contesté que les séminaires, les noviciats et certaines communautés religieuses ont été, ou sont encore, des lieux de fréquentation homosexuelle et d'abus. Ni que la question gay soit devenue une clé de lecture de la vie au Vatican ou de batailles d'appareils. Des réactions embarrassées, plus que des oppositions franches, ont suivi dans la presse catholique ou les journaux de bonne composition. Mais aux États-Unis, au Canada, en Grande-Bretagne, en Italie, en France, les médias ont sursauté devant l'hypocrisie d'un système catholique qui rejette dans la doctrine et la posture de ses clercs l'homosexualité qui est au cœur de leurs vies. Diarmaid MacCulloch, qui enseigne l'histoire de l'Église à Oxford, écrit dans le *Times* de Londres : « L'Église est devenue un refuge pour les hommes gays terrifiés par leur propre sexualité. Pour de jeunes garçons loués à des prêtres qui assurent leur protection. Pour des cardinaux avec un penchant pour les pratiques sadomaso. Pour des archevêques qui dépensent l'argent de leurs fidèles, jusqu'à des millions, en campagnes contre le mariage gay tout en entretenant des relations avec de jeunes gens depuis des années[1]. »

D'autres analyses s'en rapprochent. Dans *Commonweal*, la grande revue libérale de l'Église américaine, Kenneth Woodward, le célèbre chroniqueur religieux de *Newsweek*, confesse avoir croisé dans sa carrière nombre de prêtres et d'évêques homosexuels et même découvert de véritables réseaux

1. Dans le *Times* du 8 mars 2019.

gays dans de grands diocèses comme Los Angeles, Milwaukee, Chicago, Pittsburg, etc. À Chicago, dans les années 1980-1990, ces réseaux étaient même assidus dans l'entourage de Joseph Bernardin, archevêque et figure de l'Église progressiste aujourd'hui disparue. Woodward conclut qu'il faudrait être « aveugle ou malhonnête » pour nier le poids de l'homosexualité dans l'Église et prétendre que ce phénomène n'a aucun lien avec le scandale des abus[1].

Le pape François n'en ignore rien. Dès l'année de son élection, il avait confié à des visiteurs latino-américains qu'« il y a des gens au Vatican qui sont de vrais saints, mais aussi un vrai courant de corruption ». Ajoutant : « On me demande s'il y a un lobby gay. C'est vrai qu'il existe. » Il vend un peu plus la mèche dans son discours de Noël 2014 sur les « maladies » de la Curie. Il distille le soupçon sur des cardinaux et des évêques qui ont une « vie cachée et souvent dissolue ». En 2016, dans l'une de ses homélies à Sainte-Marthe, il dénonce la « rigidité » de ces hommes d'Église

1. K. WOODWARD, dans *Commonweal* du 26 octobre 2018.

derrière laquelle « il y a toujours quelque chose de caché et même, dans de nombreux cas, une double vie ». Il s'en prend aux « hypocrites qui vivent d'apparences », à ceux qui, « comme des bulles de savon », cachent la vérité à Dieu !

Ce pape n'est donc pas dupe, ni naïf. Le mensonge, l'hypocrisie, la dissimulation, les apparences, les vies cachées sont ce qu'il déteste le plus. Mais sa franchise se retourne contre lui quand, en juillet 2013, une enquête du magazine italien *L'Espresso* révèle les frasques de l'un de ses proches qu'il a appelé à la tête de l'Institut pour les Œuvres de Religion (IOR), un diplomate homosexuel du nom de Battista Ricca, qui a servi dans les nonciatures apostoliques de Suisse et d'Uruguay. Le scandale est énorme. Car l'homosexualité, le tabou des tabous, est devenue le cheval de bataille d'un clan anti-François très décomplexé. Un clan qui ne s'embarrasse plus de distinguer entre la déviance pédophile et une simple orientation de vie homosexuelle, de faire le tri entre les vrais pédocriminels et les gays, assumés ou honteux, entre les crimes que sont le viol, l'agression sexuelle sur mineurs, les actes non consentis par abus d'autorité ecclésiastique et les pratiques homosexuelles légales entre adultes majeurs et consentants.

Le filet se resserre depuis autour d'un pape accusé de mollesse dans la traque aux « doubles vies » et à l'hypocrisie. Le clan à la manœuvre choisit des cibles dans son entourage le plus proche, comme le cardinal Kevin Farrell qui a été nommé préfet du dicastère de la famille malgré les rumeurs récurrentes qui font de lui le partenaire sexuel de McCarrick quand il était jeune séminariste irlandais à Washington. Un autre homme en cour au Vatican, le jésuite américain James Martin, est accusé d'être un militant LGBT après la sortie d'un livre favorable à l'accueil dans les églises des homosexuels[1]. Un cardinal africain, Robert Sarah, adulé dans les milieux ultraconservateurs va jusqu'à comparer la menace LGBT… au terrorisme islamiste ! De l'homosexualité, ce préfet de Curie écrit qu'il est « inadmissible que les pays occidentaux et les agences onusiennes l'imposent aux pays non occidentaux. Promouvoir la diversité des orientations sexuelles

1. J. Martin, *Bâtir un pont. L'Église et la communauté LGBT*, Paris, Éd. du Cerf, 2018.

jusqu'en terre africaine, asiatique, océanienne ou sud-américaine, c'est engager le monde vers une totale dérive anthropologique et morale. Vers la décadence et la destruction de l'humanité[1] ! »

Ainsi va la vie au Vatican en ces temps de tous les abus et de la plus formidable hypocrisie. Un courant homophobe déterminé y cohabite avec les clans les plus fantasques, ouvertement ou clandestinement gays. Avec des cercles d'extrême droite d'origine américaine, comme *Dignitatis humanae* ou les Chevaliers de Colomb, qui disposent d'appuis financiers considérables, en Europe et aux États-Unis, sont soutenus par l'éminence populiste Steve Bannon, l'ex-conseiller de Trump, idole des extrêmes droites européennes ou par le ministre italien de l'Intérieur Matteo Salvini. Au Vatican, tout explose et la déflagration provoquée par la pédophilie et la révélation de pratiques homosexuelles au sommet de l'Église met à nu toutes les contradictions et les défaillances du « système ». Elle tourne à une guérilla anti-François dont il est difficile de prévoir l'issue.

1. Déclaration du cardinal SARAH au synode d'octobre 2015 sur la famille.

6

La réparation

Si un membre souffre, tous les membres souffrent avec lui [1 Corinthiens 12, 26].

Sur Youtube, on connaît bien les larmes de Luis Antonio Tagle ! Quand le cardinal de Manille, connu dans le monde comme le favori des médias à la succession du pape François, prend la parole en public, il n'est pas rare qu'il soit trahi par son émotion et se mette à pleurer. Comme ce jour de février 2019 où, devant le pape et ses collègues réunis au Vatican pour un « sommet » sans précédent sur la pédophilie, il part en guerre contre ce qu'il appelle la « plaie » de l'Église. « La plaie des abus sexuels. Une plaie universelle. Une plaie que nous ne devons qu'à nous-mêmes, les évêques. » Comme ses larmes, ses mots bien choisis font, ce jour-là, le tour des réseaux sociaux : « Les blessures du Christ portent la mémoire de la souffrance des innocents. Elles portent aussi la mémoire de notre faiblesse et de notre péché[1]. »

Ce langage de vérité vient du bout du monde. De cette Asie ou de cette Afrique qui ont longtemps considéré que la pédophilie était un mal occidental, circonscrit à un clergé riche et blanc. Comme si la pauvreté, la maladie, la guerre, la violence pouvaient dispenser de la perversité, des abus du sexe et du pouvoir. Dans certains pays, il n'est même pas possible d'en parler et de demander justice. Devant le pape et les cardinaux, une femme africaine raconte son calvaire : « J'ai entretenu, pendant treize ans, des relations sexuelles avec un prêtre. J'ai été enceinte trois fois, il m'a fait avorter trois fois. Parce qu'il ne voulait pas de préservatif, ni de méthode contraceptive. Au début, j'avais tellement confiance en lui, je ne savais pas qu'il pouvait abuser de moi. J'avais peur. Et, à chaque fois que je refusais d'avoir des relations avec lui, il me frappait. Il me battait[2]. »

1. Le « sommet » sur la pédophilie de tous les présidents de conférence épiscopale, assistés de nombreux experts, a eu lieu à l'initiative du pape François au Vatican du 21 au 24 février 2019.

2. Les extraits de ce « sommet » sur la pédophilie ont été recueillis par l'auteur dans les quotidiens français *La Croix*, *Le Figaro* et *Le Monde*.

Dans sa « Lettre au peuple de Dieu » d'août 2018, le pape François avait été on ne peut plus clair. Cessons de dire que les coupables sont une infime minorité de prêtres, dans une infime minorité de pays. Ce sont nos méthodes, nos silences, nos compromissions qui sont responsables de nos déviances. C'est notre « cléricalisme », qui a si longtemps protégé notre institution, qui a permis tous nos abus de pouvoir. Ce cléricalisme qui, depuis des siècles, est notre image de marque et qui s'est transformé avec le temps en une « corruption spirituelle généralisée », en un « aveuglement confortable et autosuffisant à partir duquel tout, la tromperie, la calomnie, l'égoïsme, finit par sembler licite ». Le cléricalisme qu'on retrouve « à chaque fois que nous avons tenté de supplanter, de faire taire, d'ignorer, de réduire le peuple de Dieu à de petites élites[1] ». Jamais un pape n'était allé aussi loin dans la dénonciation de la perversité du « système » clérical.

1. La « lettre au peuple de Dieu » a été rendue publique par le pape François le 20 août 2018. Elle exprime « le repentir et la honte » de l'Église catholique pour sa responsabilité et ses retards dans les crimes commis par des clercs et appelle à l'engagement de tous les catholiques pour « déraciner la culture de l'abus ».

Quand il écrit cette lettre, au cours de l'été 2018, la barque de Pierre tangue comme jamais. À Rome, la situation semble même filer entre les doigts d'un pape au cœur d'une bataille à la fois politique et mystique qu'il vit comme un combat spirituel entre les forces du bien et du mal. S'il a pris des sanctions exemplaires contre un cardinal américain autoritairement défroqué, s'il a obtenu la démission collective de l'épiscopat chilien, s'il a durci le droit canon pour sanctionner les évêques qui ont couvert des abus, il est encore loin d'avoir la confiance de l'opinion, et celle des associations de victimes, quant à sa capacité à faire le ménage dans l'Église. Si habile soit-il dans le maniement des réformes, il paraît même débordé par une crise planétaire dont la gestion semble chaotique. Aucun signe de complaisance bien sûr, mais des atermoiements et des incohérences. Les victimes d'abus l'accusent de louvoyer et ses ennemis de protéger les réseaux homosexuels du Vatican, de réduire la crise à une affaire de « cléricalisme », alors qu'elle est, pour eux, la sanction d'un écroulement spirituel, moral, doctrinal de l'Église.

Le pape François finit par trouver le ton juste quand, dans cette « Lettre au peuple de Dieu », il désigne enfin clairement les responsabilités et les vices du système. Quand il décrète l'état d'urgence et met en ordre de marche ses échelons locaux, en convoquant à Rome ce « sommet » extraordinaire de tous les présidents des conférences épiscopales dans le monde. Avec l'unique ambition de « réparer l'Église », selon les termes qui auraient été ceux de Dieu lui-même à François le *poverello*, le saint d'Assise, à une époque déjà de grande dépravation du clergé. Réparer l'Église. Pas seulement les murs, les structures, l'institution. Réparer surtout les cœurs, les esprits, les corps, et c'est le plus difficile : les victimes attendent de l'écoute, du respect, du repentir, de l'apaisement. Les fidèles espèrent, eux, un élan de purification, un retour à la confiance, une réassurance de leur foi.

Réparer, c'est d'abord faire toute la lumière sur ce qui s'est passé, chercher, fouiller, comprendre, dire toute la vérité, être au clair sur toutes les responsabilités. C'est la seule voie possible pour restaurer des relations de confiance. Longtemps on a pu penser que les médias faisaient payer à l'Église sa posture moralisatrice, ses combats jamais démentis contre l'avortement ou le mariage gay. Mais les investigations ont balayé ces a priori et rendu justice à la vérité. « Les abus contre les mineurs ne sont ni des médisances, ni des bavardages, ce sont des crimes », disait justement Benoît XVI. La conscience des fautes aussi a mûri : l'hypocrisie de communautés chrétiennes qui ont détourné les yeux, n'ont pas écouté les victimes, parfois leurs propres enfants, et ont défendu au-delà de toute raison des prêtres dont elles faisaient des icônes. La naïveté et l'inconscience d'évêques qui ont obtempéré, temporisé, cherché des faux-fuyants, n'ont pas écarté à temps et clairement leurs prêtres pédophiles.

Ce retour sur le passé ne fait que commencer. Accès aux archives, enquêtes judiciaires, canoniques, perquisitions, tous les moyens seront mobilisés pour établir les faits, rendre justice aux victimes, poursuivre les coupables. Parmi les aveux les plus stupéfiants entendus au « sommet » de Rome sur la pédophilie, ceux du cardinal Reinhardt Marx, l'homme de confiance du pape en Allemagne, confessant que des dossiers avaient été détruits dans des archives diocésaines, des noms de coupables effacés, des dossiers trafiqués. Que le secret pontifical avait été invoqué, à tort et à travers, pour couvrir des prêtres au détriment de jeunes abusés : « Au lieu de rechercher les coupables, ce sont les victimes que nous avons d'abord accablées et à qui on a imposé le silence. Les procédures pour poursuivre les délits ont été délibérément ignorées, effacées ou contournées, les droits des victimes foulés aux pieds. Tous ces événements sont en contradiction totale avec ce que l'Église devrait représenter. »

Dans cet exercice de thérapie collective, des femmes sont venues dire au Vatican le chemin restant à parcourir. Comme cette religieuse nigériane, Veronica Openibo, entrée en rébellion contre l'Église et dénonçant, devant ce parterre d'évêques et de cardinaux, la « loi du triple S » : le silence, le secret, la solidarité cléricale face au crime. Ou cette journaliste mexicaine, Valentina Alazraki, affirmant devant ces éminences que couvrir un abus est aussi ignoble que le commettre. Que sans les journalistes décriés, ces drames auraient continué dans l'indifférence. Elle conclut par un avertissement : « Si vous ne vous décidez pas de manière radicale à être du côté des enfants, des mères, des familles, de la société civile, alors vous aurez raison d'avoir peur de nous, nous les journalistes. Car nous serons alors vos pires ennemis[1]. » L'Église n'a rien à gagner au silence, qui est une forme de violence supplémentaire infligée aux victimes. Le silence encourage le soupçon et la méfiance qui, en fin de compte, se retournent toujours contre l'institution.

Réparer, c'est ensuite écouter les victimes. C'est-à-dire faire que la parole enfouie enfin émerge. C'est-à-dire prendre la mesure des traumatismes subis. Trop d'insensibilité a été manifestée pendant trop d'années. Trop d'ignorance a été opposée à des vies d'enfants brisées par des viols perpétrés par des adultes qui étaient des prêtres. C'est par l'écoute qu'il aurait fallu commencer. Par l'écoute qu'il aurait fallu d'abord passer pour entrer dans le début du drame. Pour « plonger dans la réalité du crime », dit Véronique Margron, l'une des théologiennes françaises les plus averties du sujet. Et que tombent les prétextes du genre : « Oh, ces histoires sont tellement vieilles ! » Ou « Ceux qui les ressortent en veulent à l'Église ». Ces lieux communs qui volent en éclats quand on écoute le récit des victimes, qu'on mesure la cruauté de

1. V. Alazraki est une journaliste et écrivaine mexicaine réputée, correspondante au Vatican de *Noticerios Televisa* et de *W Radio.*

l'agression subie : « Quand on écoute, on est dans la tragédie. On prend conscience du désastre qui a fracturé une vie, de l'amnésie traumatique des victimes[1] », ajoute Véronique Margron.

Cette écoute est toujours déstabilisante. On n'a jamais envie de fouiller dans le passé nauséabond d'une institution à laquelle on a consacré la plupart de ses engagements, voire de sa vie. On veut oublier ce qu'est un corps d'enfant face à un corps d'adulte et la violence indicible que ce face-à-face représente. À Lyon, Alexandre, l'une des victimes du prêtre Bernard Preynat, a confié à Philippe Barbarin, son archevêque, comme à François Ozon, le réalisateur du film *Grâce à Dieu*, que ses enfants avaient atteint l'âge qui était le sien quand il avait été abusé. Pour les spécialistes, c'est souvent en voyant grandir leurs propres enfants que les victimes prennent conscience de l'horreur qu'elles ont subie au même âge. À ce stade, le recours aux tribunaux civils, même une condamnation pénale, ne suffit pas à guérir les cœurs. La

1. Voir l'entretien avec J. CORDELIER dans *Le Point* du 26 juillet 2018. Voir aussi V. MARGRON, *Un moment de vérité* (en collaboration avec J. CORDELIER), Paris, Albin Michel, 2019.

tâche de l'Église commence : s'interroger sur sa capacité à écouter, à prendre conscience, à accompagner, à rétablir la confiance, à trouver les mots et les gestes d'amour et de guérison.

La relation avec les associations de victimes a été longue à se nouer, avant que l'écoute ne s'ajuste enfin à l'intérieur de « cellules » réunissant des prêtres, des psychologues, des juristes, des médecins. La prise de conscience des traumatismes a progressé dans l'Église, mais de dialogue, au sens strict, il n'y en a pas, ou rare, difficile, tortueux, impossible ici, perfectible là. Avec Rome, il existe officiellement, mais laborieux et décevant. Pour la plupart des associations, le pape François est un homme qui alterne les phases d'écoute et celles où il se montre incapable d'identifier les résistances et de les dénoncer. À les entendre, ce pape serait plus dur dans les mots que dans les actes. Et il n'est pas le pape des « pauvres » dont la vie a été brisée par des agressions sexuelles commises par un prêtre.

Sans la contrainte extérieure, rien n'aurait bougé. En 2014, François crée au Vatican une commission « pour la protection des mineurs », présidée par le cardinal américain Sean O'Malley, de Boston, dans laquelle d'anciennes victimes sont invitées à siéger et témoigner. Mais, très vite, les portes claquent. Le premier démissionnaire, en 2016, est Peter Saunders, abusé à douze ans par deux prêtres jésuites, devenu en Angleterre la figure du combat contre la pédophilie. Puis l'année suivante, c'est au tour de la pédopsychiatre française Catherine Bonnet de partir, et de Marie Collins, une catholique irlandaise victime d'un prêtre quand elle avait treize ans. Leurs démissions font grand bruit. Ce qui est en cause, c'est la place de cette commission consultative, sans autorité, ni administration, ni budget, à côté de congrégations bien rodées et équipée de la Curie qui ne veulent pas lâcher une miette de leur autorité sur ce dossier de la pédophilie. Deux cardinaux en particulier sont accusés de lui mettre des bâtons dans les roues : Gerhard Müller, préfet de la doctrine, qui sera bientôt remercié par le pape, et Raymond Burke, ancien préfet du Tribunal apostolique qui, enquêtant en 2017 dans l'île de Guam pour une affaire d'abus commis par un évêque, récuse autoritairement la présence d'un avocat auprès des victimes.

Quand la rencontre peut se faire entre l'Église et ses victimes, au Vatican ou dans le plus petit des diocèses, elle est obscurcie par les préjugés et la peur. Peur, du côté des évêques, de la pente vertigineuse qui les pousse dans ce monde des abus et de leur dissimulation. Peur de ce que les victimes leur révèlent de leurs propres défaillances et échecs. Peur d'une voie sans issue, de l'impossibilité de réparer une telle blessure. Peur aussi, du côté des victimes, de replonger dans un passé traumatique. Peur de raviver des séquelles qui ne sont pas toutes effacées. Peur de devoir révéler à la famille, aux enfants, des failles ignorées ou sous-évaluées. Peur de renouer avec une institution définitivement associée au mal subi des premières années. « Est-il possible de remonter dans l'avion avec lequel vous avez failli vous crasher », me dit un jour la victime d'un abus.

Les associations de victimes de l'Église, comme La Parole libérée en France, ou End clergy abuse (ECA, en finir avec les abus du clergé) ou Bishop accountability (Responsabilité des évêques), réclament un discours de vérité, une réforme des procédures et des tribunaux ecclésiastiques, un statut de victimes, des sanctions et des réparations financières. Elles veulent être associées aux efforts pour que l'institution redevienne un lieu sécurisé. « Tant qu'il y aura encore des abuseurs dans l'Église, nous n'aurons pas confiance », dit Véronique Garnier, violée par un prêtre quand elle était adolescente et devenue déléguée à la protection de l'enfance dans le diocèse d'Orléans, très actif sur ce sujet, d'où elle a plaidé pour que les victimes puissent s'exprimer un jour devant l'assemblée plénière des évêques à Lourdes. Ce n'est qu'en 2018 que ce souhait a pu être exaucé.

Que le dialogue entre l'Église et les victimes d'abus soit laborieux, personne ne peut s'en étonner. Quelle place faire, en effet, à un adulte qui, dans son enfance, a été l'objet sexuel d'un prêtre ? Quelle parole lui donner dans une institution qui s'est longtemps définie comme « société parfaite » ? Combien de temps avant que cette victime se fasse connaître de l'Église et de la justice ? Combien de temps avant que l'évêque accepte de la rencontrer et de l'écouter ? Combien de temps pour se dévisager ? Combien de temps pour s'envisager ? Les victimes renvoient l'Église à une forme d'imperfection radicale et concrète. Dans ses rangs, les avocats du silence n'ont pas désarmé. La bataille n'est pas terminée, mais, lors de ce « sommet » de Rome sur la pédophilie, le président de la conférence des évêques australiens, Mark Benedict Coleridge, a marqué un point en faisant cet aveu : « Nous avons considéré les victimes et les survivants comme l'ennemi. Nous ne les avons pas aimés, nous ne les avons pas bénis. En ce sens, nous avons été notre pire ennemi. »

Réparer, c'est enfin mettre au point des procédures de transparence, de tolérance zéro et les appliquer. C'est accepter de sortir de soi et d'entrer en relation avec des autorités civiles, médicales, judiciaires, un monde souvent inconnu. À cet égard, s'il reste des formes de déni, le temps de l'impunité est bel et bien terminé dans l'Église. Malgré les obstacles, la mise en œuvre de la responsabilité pénale des prêtres abuseurs et des évêques complaisants est aujourd'hui largement acceptée. En France, de 2010 à 2018, trente-six prêtres ont été arrêtés, puis mis en examen pour pédocriminalité et sont en attente de jugement. Près d'une vingtaine ont déjà été incarcérés et leur condamnation rejaillit sur l'image de tout le clergé. Le prêtre pédophile est comme « un fruit gâté qui pourrit l'ensemble du panier », écrit astucieusement Jean-Marie Guénois dans le *Figaro*. Aucun prêtre dans le monde globalisé ne peut plus échapper aux soupçons sur son intégrité ou sa maturité. L'Église ne peut plus se sauver sans se séparer de ses membres corrompus.

Si la règle d'or reste la coopération avec la justice civile, c'est la culture ecclésiale qu'il faut changer. Passer d'une culture de l'« occultation » à une culture de la « divulgation », pour reprendre les mots de Charles Scicluna, l'expert du Vatican. Imposer l'idée que la solidarité avec les victimes passe avant l'obéissance à la hiérarchie. L'obligation de dénoncer s'impose désormais dans l'Église, depuis le décret publié par le pape après le « sommet » de Rome[1]. Pour le catholique, le « signalement » à la justice n'est plus seulement un devoir de conscience, mais un impératif absolu et universel. Tout séminariste, prêtre, religieux, religieuse ayant connaissance de faits délictueux

1. Dans un *motu proprio* (décret) intitulé *Vous êtes la lumière du monde*, en date du 9 mai 2019, le pape François récapitule et renforce les procédures de l'Église contre les prêtres ou les évêques auteurs d'agressions sexuelles ou ayant couvert de tels actes. C'est le principal document de conclusion du « sommet » de février 2019 sur la pédophilie.

de pédophilie ou de harcèlement sexuel doit le signaler immédiatement à son supérieur ou à l'évêque du lieu. Chaque diocèse est tenu de mettre en place des « guichets » pour recueillir des signalements.

Des garanties sont prises pour préserver la présomption d'innocence, mais tout ce qui aura pour effet d'interférer dans une procédure, de faire obstacle à une enquête pénale, administrative ou canonique, voire l'occulter, sera sanctionné. Autrement dit, la « couverture » de ces actes par une quelconque hiérarchie ne pourra plus être possible. L'obligation de diligence et de transparence implique toute la chaîne de commandement, jusqu'aux cardinaux, aux supérieurs, religieux ou laïcs, d'instituts. Les archevêques métropolitains devront rendre des comptes au Vatican où les moyens de traitement seront renforcés. Et le fameux secret pontifical, qui entoure les procès canoniques d'un mur de silence, qui prive souvent les victimes de leurs droits et va jusqu'à leur interdire d'avoir accès au verdict, sera allégé.

Le dispositif de répression est renforcé, mais des questions demeurent sur le sort à réserver aux évêques et aux cardinaux qui auraient couvert les prêtres abuseurs. La situation est floue sur ce point. En 2015, la commission vaticane de lutte contre la pédophilie avait lancé l'idée d'un « tribunal spécial », mais au grand dam des associations de victimes, elle n'a jamais vu le jour. Trop complexe à mettre en œuvre. Qui pourrait être le juge des évêques ? Depuis les instructions de Benoît XVI, le Vatican reconnaît la juridiction des tribunaux civils et ses verdicts. Il y a vingt ans, un archevêque à Vienne et cardinal avait été seulement contraint de démissionner. En 2018, un autre cardinal est renvoyé de l'état clérical. La jurisprudence vaticane a donc évolué et est devenue plus sévère. Mais le pape doit-il démettre des évêques et des cardinaux condamnés en première instance, sans attendre le résultat de l'appel ? Condamné à la prison pour agression sexuelle, le cardinal Pell a été évincé de ses fonctions romaines. Condamné aussi, mais pour non-dénonciation de faits de pédophilie, l'archevêque de Lyon, Philippe Barbarin, a été au contraire confirmé. Le pape, et lui seul, a le pouvoir de reprendre sa pourpre à un cardinal. Celui-ci peut-il rester cardinal s'il est en prison, s'il est condamné, même en voie d'appel, pour abus sexuels sur mineurs ?

Une histoire nouvelle est en train de s'écrire. Sous la pression d'une société civile et politique qui exige qu'une lumière complète soit faite dans l'Église sur des crimes passés sous silence durant des décennies. Presque partout, le débat s'ouvre, mobilise des autorités parlementaires, judiciaires, médicales, contraint heureusement la hiérarchie catholique à sortir de sa solitude et de ses certitudes. En Australie, le scandale a été d'une telle violence qu'une commission royale a été exceptionnellement constituée pour enquêter dans toutes les institutions du pays en charge d'enfants. En Allemagne, aux États-Unis, en France, les autorités politiques s'en mêlent, demandent à l'Église d'aller au bout de ses recherches et des poursuites. En France où une commission parlementaire sur les abus sexuels avait été réclamée par beaucoup de personnalités de gauche, une commission indépendante a vu le jour, avec l'accord de la conférence des évêques, et elle réunit des compétences juridiques, médicales, psychiatriques, théologiques et des spécialistes de la protection de l'enfance. Présidée par Jean-Marc Sauvé, ancien vice-président du Conseil d'État, elle s'est donnée deux ans pour aboutir à des conclusions.

Est-on parvenu au bout des efforts ? Certainement pas. Dans les communautés catholiques, relayées par des médias très actifs, des propositions circulent en vue de mieux accueillir et accompagner les victimes, de recourir davantage à des experts laïcs, y compris dans les procédures internes, de renforcer la collégialité entre les évêques, de créer des juridictions interdiocésaines, d'ouvrir des formations permanentes. En identifiant le « cléricalisme » comme la source de tous les abus, le pape a ouvert la boîte de Pandore. Plus aucune question n'est taboue. Y compris celle de la place du prêtre et du rôle de la hiérarchie. Si le « peuple de Dieu » ne se réduit pas à de « petites élites » comme dit le pape, comment continuer à justifier l'actuelle séparation entre clercs et laïcs ? Comment faire pour ouvrir les mondes clos qui perdurent à l'intérieur de l'institution, sortir de l'entre-soi clérical propice à l'impunité dans laquelle se sont enfermés tant de prêtres et de communautés ? « S'il vous plaît, les chrétiens, cessez de nous appeler "mon père", cette appellation infantilisante, et de nous mettre nous, les prêtres, sur un piédestal », conjure sur Facebook un aumônier scout.

Dans les réunions de paroisses, les courriers de lecteurs de journaux, sur les forums d'Internet, la parole se libère. Les laïcs veulent s'approprier les termes d'un débat trop longtemps confisqué par les seuls hommes ordonnés. Ils réclament des contrepoids à l'hégémonie cléricale, exigent des lieux de discussion franche, rappellent qu'un clergé séparé, avec des règles spécifiques, n'est qu'une apparition tardive dans l'Église. Ils se demandent s'il n'est pas temps de « désacraliser » la fonction sacerdotale, de redessiner ses contours, de la limiter dans le temps, de l'ouvrir aux femmes, de faire du célibat une option plutôt qu'une obligation. D'instituer d'autres modes de gouvernance afin d'y associer, selon des modalités à construire, l'ensemble du peuple catholique. De renoncer à des rites ou des titres d'un autre temps, comme *éminence*, *excellence*, *monseigneur* ou même *père*, aux habits liturgiques de l'Église « triomphaliste » d'antan comme les chapes, les camails, les chaussures rouges, la *capa magna* que portent encore, avec leur longue traîne – le ridicule ne tue plus – des cardinaux d'une autre époque comme l'Américain Burke et l'Espagnol Canizares.

Allons jusqu'au bout. Quitte à lutter contre le cléricalisme, pourquoi ne pas supprimer les… clercs ? Non pas pour réduire les risques d'abus, mais « pour permettre aux créatures de Dieu d'être ce qu'elles sont, c'est-à-dire parfaitement égales », comme écrit dans *La Croix* le pasteur Gilles Cazenave, de l'Église protestante unie de France. Autrement dit, pour permettre aux femmes d'être enfin ministres du culte, pour permettre aux ministres des deux sexes d'être, quand ils le souhaitent, mariés, et pères ou mères[1]. On touche là bien sûr aux fondamentaux de l'institution catholique et on devine les résistances que rencontrera demain cette mise en cause concrète du cléricalisme et du statut du prêtre. La bataille ne fait que commencer. Mais la reconquête d'une crédibilité morale est au prix d'une réforme profonde du ministère ordonné et de la gouvernance de l'Église.

1. G. Cazenave dans *La Croix* du 1er avril 2019.

Troisième partie

Les trois chantiers de la reconstruction

Dans le flot des propositions visant, selon les vœux du pape François, à mettre fin au « cléricalisme » et « réparer » l'Église, je voudrais en extraire trois. Ce sont bien sûr trois « chantiers » de réflexion, plus que des projets immédiatement réalisables.

– En finir avec l'absolutisme romain, tridentin, patriarcal : face au discrédit qui frappe l'institution catholique, une vision alternative de gouvernance gagne les esprits. Celle qui consiste à infléchir le modèle de pouvoir romain issu de la théologie « contre-réformiste » du concile de Trente et de l'infaillibilité de Vatican I. Encouragé par le pape François, un projet d'Église décentralisée et synodale est déjà en marche, pouvant aller jusqu'à un modèle de fédération d'Églises locales, dotées de plus larges pouvoirs, à l'image des « patriarcats » des premiers temps chrétiens (chapitre 7).

– En finir avec l'hypocrisie sur le sexe, le célibat obligatoire, la chasteté : face à un magistère moral enraciné dans une tradition constante, la crise des abus offre une chance unique de réviser des tabous aussi anciens dans la vie de l'Église que ceux liés au sexe, à la chasteté de la vie religieuse, au célibat obligatoire des prêtres, à l'homosexualité, à la féminisation des ministères ordonnés (chapitre 8).

– En finir avec la vision disciplinaire et doctrinaire de l'Église : pour les ultraconservateurs du Vatican, la crise actuelle de l'Église résulte de l'effondrement de la doctrine dont serait responsable le pape François. C'est un faux procès. Le pape ne change fondamentalement rien à la doctrine catholique, mais ses options pastorales visent à rapprocher l'Église de ceux qui s'en sont éloignés ou sont en « situation irrégulière » selon la discipline romaine. Cette vision d'un catholicisme moins doctrinaire que fraternel et solidaire est la seule voie pour combler demain le divorce de l'Église avec la société moderne et sécularisée (chapitre 9).

7

En finir avec l'absolutisme romain, clérical, patriarcal

Quoi, un nouveau scandale au Vatican ? Mais l'histoire en regorge ! Et de ce vin aigre de l'hypocrisie et de l'immoralité, la coupe déborde depuis les papes Borgia, les empoisonnements, les maîtresses, les promotions de neveux ou d'enfants de papes, les anathèmes, les mises à l'index. Histoire humaine, trop humaine d'une institution qui se voudrait morale et spirituelle, mais restera pendant des siècles bouffie de suffisance et d'ignorance, de cupidité et de débauche, loin du message humble et charitable des évangiles. Histoire de papes et d'antipapes, de dévots et de tyrans, de mystiques et de combattants, de prophètes et de savants, de saints martyrs et de despotes. Tous catholiques, et si peu qui le furent vraiment.

On me demande souvent ce que je préfère quand je me rends à Rome. Au risque de choquer, je réponds Michael-Ange, Raphaël, Bramante et le Bernin. Bien sûr, comme tous les pèlerins de la ville sainte, j'aime Rome parce que c'est le lieu de la sépulture de Pierre, premier des apôtres, de la mémoire de mes racines catholiques, de la résidence des papes et du gouvernement de l'Église. Mais, à tout prendre, je préfère le souvenir des génies de la Renaissance, la richesse insensée des trésors architecturaux et picturaux de la ville, le patrimoine miraculeusement préservé d'une histoire aussi extraordinaire que chaotique. Le reste vient après : la cour des papes aux mille et un visages, cénacle de tant d'intrigues et cabales et cette légende noire qui colle au Vatican, dépositaire supposé de tous les maux nommés centralisme, bureaucratie, conservatisme, toute-puissance et arrogance.

Au-delà des clichés qui ont la vie dure, Rome s'est affranchie de la confusion malodorante du spirituel et du temporel. Grâce aux accords du Latran signés en 1929 avec Mussolini, le Vatican renonce à sa souveraineté sur la ville et l'Italie, devenant le « plus petit État du monde ». Au dernier concile Vatican II (1962-1965), l'Église réforme son statut et ses structures, reconnaît l'autonomie de la sphère temporelle et politique, abdique ce qui lui reste d'hégémonie sur les consciences et les puissances, ouvre un dialogue avec les autres religions et l'incroyance. En l'an 2000, elle se repentit de ses excès de pouvoir, des pages les plus sombres de son histoire, des persécutions contre les juifs et les hérétiques, des Inquisitions, des viols de conscience, des conversions forcées. Elle n'est plus la théocratie tyrannique qu'elle fut si longtemps. Elle n'est pas davantage devenue cette « démocratie » moderne, libérale, paritaire au sein de laquelle hommes et femmes, clercs et laïcs seraient égaux et représentés en droit. Le pape souverain ne rend de comptes qu'à Dieu et n'est responsable devant aucune autre instance.

Si le vent de l'histoire a passé, la tragédie des abus oblige l'Église à s'interroger, à frais nouveaux, sur la conception de son autorité, sa pratique et la distribution de ses pouvoirs. Jamais, à l'époque moderne, une crise n'avait à ce point défié la manière dont elle se définit et se gouverne. Le tsunami des scandales sexuels a révélé des anomalies et des dysfonctionnements incompréhensibles pour la société contemporaine : la culture du secret et d'un entre-soi clérical exclusivement masculin, le huis clos de la plupart des débats, le sexisme des appareils de direction, la non-mixité des prédications, la subordination des laïcs. De cette crise existentielle, beaucoup font l'événement le plus important depuis la Réforme ou depuis la Révolution et la Constitution civile du clergé (1790). « Cinq cents après la Réforme, l'Église mêle, comme au XVIe siècle, le dérèglement des mœurs d'une partie du clergé, l'incompréhension et le doute des fidèles, le divorce d'avec la société et le monde moderne », écrit Nicolas Baverez[1]. Danièle Hervieu-Léger remonte quant à elle à la « confrontation de l'Église du XIXe siècle avec le bouleversement que constitue à la Révolution l'affirmation du droit des individus à l'autonomie[2] ».

Plus aucun responsable, quelque soit son niveau ou sa chapelle, ne pense sérieusement que l'Église puisse faire à plus ou moins long terme l'économie d'une réforme radicale de son système de gouvernement opaque, fermé, replié sur lui-même, celui qui a permis, pendant tant d'années, un tel nombre de dissimulations et d'abus. « Un

1. Chronique de N. BAVEREZ, essayiste, dans *Le Point* du 16 septembre 2018.
2. Interview de D. HERVIEU-LÉGER dans *Télérama* du 17 novembre 2018.

système qui donne tout le pouvoir aux hommes, aux prêtres, d'une façon absolue et au-delà de tout ce qui a permis », résume de façon admirable Hans Zollner, l'un des meilleurs connaisseurs au Vatican du scandale pédophile[1]. À cette crise interne, s'ajoutent les indices de ce qui est perçu comme un tournant de civilisation, évoquant même chez certains le passage du Moyen Âge à la Renaissance : l'essor fulgurant de la mondialisation et de l'ère du numérique, la marche en avant de la parité hommes-femmes, les menaces sur le modèle démocratique, l'aggravation des pressions migratoires, le terrorisme islamiste, l'inquiétude pour l'avenir écologique de la planète, l'apparition de nouveaux modèles humanistes liés aux progrès foudroyants de la technologie.

Le pape François insiste le premier sur la dimension « systémique » de cette crise. Lui-même suggère une remise à plat totale, touchant non seulement aux structures, mais à la conception même du pouvoir dans l'Église. Issu d'un

1. H. ZOLLNER, prêtre et psychothérapeute, président du Centre pour la protection des mineurs de l'université grégorienne à Rome, dans *La Croix* du 20 mars 2018.

monde latino-américain créatif et audacieux, il est celui qui déjà a le plus contribué à faire évoluer la fonction suprême, à transformer à la hussarde les méthodes de travail de la Curie, à redistribuer les tâches dans la chaîne de commandement. Il est contraint par les événements d'aller plus vite et plus loin que tout ce qu'il avait pu imaginer, de réformer non seulement la machine gouvernementale – ce qui était à la portée d'une bonne équipe de conseillers en management – mais de « réparer » l'Église au sens propre.

« Réparer l'Église », c'est aller au bout d'un processus qui était en cours et que la crise ne fait qu'accélérer et mûrir. « Réparer », c'est hâter le déclin d'une réalité structurante majeure, celle que l'on désigne généralement sous le nom de modèle « catholique romain et tridentin », prendre acte que la manière dont l'Église s'est historiquement définie et organisée est irrémédiablement condamnée, comme l'affirme l'historien italien Roberto Pertici[1]. Le « catholicisme romain » est

1. R. PERTICI est professeur d'histoire contemporaine à l'université de Bergame, spécialiste des rapports entre l'Église et l'État. L'essai, intitulé *Est-ce la fin du catholicisme romain*, est publié sur *Settimo Cielo* le 13 avril 2018.

le fruit d'une construction historique, théologique et juridique qui commence avec l'hellénisation (sur le plan philosophique) et la romanisation (sur le plan politico-juridique) du christianisme primitif et repose sur le « primat » des successeurs de Pierre à Rome, tel qu'il émerge de l'Antiquité tardive et est théorisé à l'époque grégorienne[1]. Au cours des siècles suivants, l'Église se dote d'un droit propre, le droit canon, basé sur le modèle du droit romain, qui organise et légitime la supériorité hiérarchique d'une catégorie de clercs exclusivement masculins et célibataires. C'est ce modèle qui domine encore l'édifice.

L'autre événement-clé, c'est le concile de Trente, au XVIe siècle, qui réaffirme la centralité de la « médiation » ecclésiastique en vue du salut, en opposition radicale aux thèses luthériennes du sacerdoce universel, sacerdoce de tous les baptisés à égalité, clercs et laïcs. C'est du concile de Trente que date cette structure exclusivement cléricale, hiérarchique, plus unifiée et centralisée que jamais

1. Par les *Dictatus papae*, recueil de vingt-sept propositions juridiques de l'époque du pape Grégoire VII qui renforcent le pouvoir central romain.

de l'Église catholique, son droit de contrôler et, le cas échéant, de condamner les positions contraires à la formulation orthodoxe des dogmes et de la foi, son rôle dans l'administration des sacrements. Cette ecclésiologie « tridentine » (de Trente) sera définitivement scellée par le dogme de l'infaillibilité pontificale, solennellement proclamé par le concile de Vatican I en 1870, à la veille de la perte des territoires pontificaux et du pouvoir temporel.

Au XIXe siècle, ce modèle du « catholicisme romain et tridentin » subit de violentes contestations liées aux flambées révolutionnaires, à la naissance de la société industrielle, au processus de modernisation politique, à l'essor des idées libérales, sociales et démocratiques. L'historien Roberto Pertici fait observer que le « catholicisme romain » manque alors d'être emporté, parce qu'il est « organique » à une société agraire, hiérarchique, statique, basée sur la pénurie et sur la peur. Il ne trouve plus sa raison d'être dans une société devenue « fluide », dynamique, caractérisée par la mobilité sociale. À ce décalage qui s'accentue au XXe siècle, une première réponse est donnée par le concile Vatican II sous la forme d'un *aggiornamento* pastoral, appuyé sur une vision plus optimiste du monde, un renoncement au « duel séculaire » avec la modernité. Que soient bénis les fruits de ce Concile, mais les années 1960 qui les ont vus naître sont emportées par un tourbillon de changements de toute nature dans le monde, auxquels ce Concile contribue, mais qui échappent à ceux qui voulaient une simple réforme de l'Église, pas une révolution.

L'encyclique *Humanae vitae* sur l'amour et la procréation (1968) est le fruit de l'analyse tourmentée que le pape Paul VI fait des turbulences de ces années 1960 et de la révolution sexuelle. Wojtyla et Ratzinger, ses successeurs, partagent un même constat de dérive morale, idéologique, liturgique. Ils cherchent à réajuster la marche de l'Église, à conjuguer changement et continuité, à conjurer les risques (la « théologie de la libération », dite d'inspiration marxiste), à défier la modernité sur les thèmes disputés des droits de l'individu, du sexe, de l'amour, de la naissance et de la mort, de la liberté religieuse et de la raison philosophique. On se souvient de Benoît XVI bataillant, à contre-courant de l'opinion libérale, pour que les orientations de Vatican II soient relues et interprétées à la lumière de la tradition précédente de l'Église, du concile de Trente et de Vatican I. La levée de boucliers que cette « restauration » soulève ne fut pas étrangère à sa décision de renoncer. De cette évolution, Pertici tire la conclusion que le « catholicisme romain et tridentin » est « une vision rationnelle du monde, coulée dans une institution visible et compacte, qui entre fatalement en conflit avec l'idée de la représentation issue de la modernité, basée sur l'individualisme et une conception du pouvoir qui, étant issu de la base, finit par remettre en question le principe d'autorité ».

Qu'advient-il de ce modèle qui a historiquement structuré l'Église, mais aussi causé ses reculs et ses crises ? Un Benoît XVI se montre incapable de réformer la Curie romaine, siège des conservatismes et privilèges hérités de l'Église de Trente et de Vatican I. Son pontificat est miné par des scandales à répétition et des affaires surmédiatisées. La crise institutionnelle provoquée par sa renonciation précipite l'élection d'un pape venu de l'autre monde, capable de porter le fer dans la plaie, de trancher et de réformer dans le vif. Le pape François n'a pas été élu pour bouleverser le système de pouvoir catholique mais, depuis le scandale des abus sexuels, c'est bien ce modèle romain, tridentin, patriarcal et sexiste qu'il est tenté de casser. Un nouveau cycle s'ouvre, celui d'un déclin assumé de ce modèle historique comme réponse radicale au besoin de réformer l'institution, de combler le fossé que cette crise a creusé entre elle et la société moderne, à la nécessaire relance du parcours œcuménique avec les autres confessions chrétiennes.

Je n'ai pas vraiment aimé la série télévisée *The Young Pope*, de Paolo Sorrentino, qui veut initier le téléspectateur, jusqu'à la caricature, aux mystères du pouvoir et aux aventures du sexe entre les murs du Vatican. À l'exception de cette scène surréaliste où le jeune pape Pie XIII qui vient d'être élu, incarné par l'acteur britannique Jude Law, s'emporte devant sa conseillère marketing qui veut faire des séances photos pour des ventes d'assiettes décoratives à l'effigie du nouveau pape. Pie XIII renvoie le photographe : « Je ne veux pas d'image, car je ne suis personne. Seul le Christ existe. Et je ne vaux pas 45 €, ni même 50 €, le prix de ces assiettes à mon image. Je ne vaux rien du tout. Je me suis préparé à devenir un pape invisible. » Comment ne pas rapprocher cette anecdote imaginaire des paroles bien réelles du pape François devant les pèlerins de Rome, lors de sa première célébration de la Pentecôte en 2013 : « Vous m'avez acclamé quand je suis arrivé. J'ai entendu "François", mais Jésus où était-il ? J'aurais voulu entendre crier "Jésus est le Seigneur". Alors, à partir de maintenant, plus de "François", mais "Jésus". »

Le pape ou le Christ. Le pape et le Christ. Que penser du narcissisme d'une institution qui, à tour de bras, béatifie ou canonise ses papes ? Le pape Pie X est canonisé en 1954, Pie IX et Jean XXIII sont béatifiés en l'an 2000, Jean-Paul II l'est en 2011, Paul VI en 2014. Jean-Paul II et Jean XXIII sont canonisés en 2014, Paul VI en octobre 2018. La liste n'est pas close. Pie XII et Jean-Paul Ier seront à leur tour déclarés bienheureux. Au total quatre papes sur neuf, au XXe siècle, ont été déclarés saints par une Église qui risque, au passage, d'oublier deux de ses plus grands, Benoît XV, qui tenta d'arrêter la boucherie de la Grande Guerre, et Pie XI qui, dans les années 1930, condamna le fascisme, le nazisme et le bolchevisme.

Au soir de son élection, le pape François annonce une manière plus humble d'incarner la fonction, s'incline devant la foule de la place Saint-Pierre et l'invite à prier pour lui. Au cœur de la polémique sur les abus, il fait publiquement son *mea culpa*, assume sa part de responsabilité dans un système qui a couvert les crimes, répète que le pape, comme tout un chacun, doit rendre des comptes, n'est pas un surhomme et peut aussi trébucher. Dans un discours sur la synodalité, il préconise une « conversion de la papauté » : le pape ne se trouve pas « tout seul, au-dessus de l'Église », mais « en elle, comme baptisé parmi les baptisés et, dans le collège épiscopal, comme évêque parmi les évêques[1] ». S'il est le « pasteur » du peuple de Dieu, appelé à porter la Croix dans une solitude intérieure inhérente à sa charge, il n'en est pas moins un homme, un pécheur comme les autres, membre de ce peuple, justiciable comme les autres.

On est aux antipodes de la vision infaillibiliste de la fonction dans l'Église des deux derniers siècles. C'est par sa manière d'incarner la charge

1. En date du 19 octobre 2015.

suprême que le pape François rompt d'abord avec cette figure du catholicisme romain et tridentin. Une rupture qui vient de loin, de son expérience de jésuite et d'évêque en Amérique latine, de sa proximité avec les bidonvilles de Buenos Aires, de cette « théologie du peuple » chère aux catholiques de son pays. Une rupture qui se manifeste par son insistance sur sa charge d'évêque de Rome, par sa renonciation à l'esthétique propre au catholicisme romain, aux marques de dignité de sa fonction (les appartements et les ornements pontificaux, la mozette rouge, les voitures de fonction, la résidence de Castel Gandolfo) et à ce qu'il appelle les « habitudes des princes de la Renaissance ». Une rupture en forme de « désacralisation » de la figure canonique du pontife romain depuis le fameux « qui suis-je pour juger ? ».

Et le message passe. On loue sa sobriété de vie, sa sévérité toute franciscaine, sa manière positive d'exprimer la foi catholique, d'aller vers les « périphéries », ces chrétiens qui ont quitté l'Église ou sont aux marges, surpris par la relation singulière qu'il cherche à développer avec eux. À son époque, Jean-Paul II ouvrait, chaque matin dans sa chapelle privée, un coffret de petits billets portant un nom, une adresse, une intention de prières. François, lui, décroche directement son téléphone pour appeler un ami ou un inconnu, réconforter un homme ou une femme dans le deuil, rassurer un chrétien qui cherche à concilier son homosexualité et sa foi. Une légende naît, celle d'un lien sans filtre avec un pape accessible. Le cardinal Tauran disait avant sa mort en 2018 que les catholiques venaient à Rome pour « voir » Jean-Paul II, le pape qui a redonné une visibilité à l'Église, pour « écouter » Benoît XVI, le plus grand des théologiens, et ils viennent pour « toucher » le pape François.

Dans la tourmente actuelle, l'avenir de la papauté est sur la table. Dès l'exhortation *Evangelii gaudium* de novembre 2013, François avait plaidé pour une ardente décentralisation et un renforcement de l'autorité des Églises locales. Après le constat de gestion catastrophique de la crise pédophile, le rapport entre la centralité romaine et la responsabilité propre aux diocèses est devenu un point plus névralgique encore. D'un côté, la congrégation pour la doctrine de la foi à Rome est l'ultime recours, souvent bénéfique, dans les affaires locales d'abus, mais souffre d'un engorgement manifeste. De l'autre, le système ecclésial dans lequel l'évêque, en cas de contentieux avec un prêtre pédophile, est à la fois le père, le frère, l'ami et le juge trouve ses évidentes limites. Il est urgent de trouver des échelons intermédiaires. Un spécialiste français des dérives sectaires et abus dans l'Église avance la solution suivante : « Cet échelon intermédiaire pourrait être régional, comme au premier millénaire de l'Église, avec des regroupements de diocèses dotés de véritables prérogatives, dont le gouvernement s'appuierait sur un synode, formé non seulement des évêques de la région, mais aussi de prêtres, consacré(e)s, laïcs hommes et femmes[1]. »

L'idée décentralisatrice est fort ancienne. Elle remonte au concile Vatican II, inspirée par des théologiens comme Yves Congar (1904-1995) ou Oscar Cullmann (1902-1999), reprise, entre autres, par un jeune théologien nommé Joseph Ratzinger et par le jésuite Carlo Maria Martini, futur archevêque de Milan. Face au modèle

1. Voir Y. HAMANT, universitaire et responsable de l'AVREF (aide aux victimes de dérives dans les mouvements religieux et à leurs familles), dans une interview à l'hebdomadaire *La Vie* du 11 octobre 2018.

romain et tridentin qui a fait son temps, l'idée décentralisatrice s'impose à nouveau. Le pape François recrute des pasteurs de terrain plus que des « princes » lointains. Il affaiblit le pouvoir de la Curie centrale au profit des synodes et des épiscopats locaux. Il crée des cardinaux dans des pays éloignés de la grande tradition catholique – Haïti, Birmanie, Panama, Cap Vert, îles Tonga – excluant de fait des sièges prestigieux comme Bruxelles ou Venise et des chefs de dicastère de la Curie. Pour ses premiers voyages, il choisit symboliquement l'île de Lampedusa ou la modeste Albanie, de préférence à de grands pays « catholiques » comme la Pologne, l'Allemagne ou la France. Comment douter qu'un autre cours est donné à la gouvernance romaine ?

A-t-on mesuré assez tous les effets désastreux de l'absolutisme du modèle tridentin, révélés ou rappelés par la tourmente des abus ? Je veux citer ici le statut d'icône sacrée réservé au prêtre, le caractère exclusivement clérical et masculin de la représentation et du pouvoir dans l'Église ? À l'offensive de la Réforme protestante contre la centralisation romaine, le concile de Trente (1545-1563) avait répondu par toujours plus de centralisation. Pour la première fois, le pape se fait appeler « pasteur de l'Église universelle » et la Curie devient l'instrument d'une puissance inégalée. Les évêques, qui étaient généralement des personnages mondains ou des politiques, deviennent des « préfets », tenus à un strict devoir d'obéissance au pape de Rome et sommés de lui rendre des comptes lors de visites *ad limina* (au siège de Pierre). C'est à cette époque qu'on crée les « nonces » apostoliques, chargés par Rome de suivre l'application du Concile à l'étranger, dont le rôle ne cessera plus de s'étendre. « Autrefois exceptionnel, le recours à Rome va devenir le pain quotidien de l'administration ecclésiastique », résume le jésuite historien Michel Dortel-Claudot[1].

Ce n'est pas tout. Les médiations ecclésiastiques réputées faire écran entre Dieu et le croyant, que la Réforme protestante a supprimées, sont renforcées, privilégiées, sacralisées par le concile de Trente. Le clergé catholique qui, jusque-là, était dans un état lamentable se rénove. Il croît en nombre, en instruction, en dignité, en prestige.

1. M. DORTEL-CLAUDO, *Églises locales, Église universelle,* Paris, Éd. du Chalet, 1973.

Les évêques ouvrent des « collèges » – les futurs petits séminaires – pour préparer les adolescents au ministère sacerdotal. Ainsi, les deux piliers de l'Église catholique moderne, dessinées par le concile de Trente, deviennent-ils l'évêque à la tête de son diocèse et le curé à la tête de sa paroisse. Pour l'époque, c'est une nouveauté absolue. Mais le « laïc » reste inexistant. Il le sera jusqu'à Vatican II, quatre siècles plus tard. Évêque et prêtre, ces deux piliers sont aujourd'hui sur la sellette.

C'est ce modèle centralisateur, typiquement ecclésiastique et exclusivement masculin, que le pape veut déconstruire quand il déclare la guerre au « cléricalisme », au pouvoir unilatéral et indiscuté du prêtre ramené à son rôle premier de service de la communauté plus que d'autorité souveraine. Il veut redonner tout son sens au « sacerdoce commun des baptisés » que le deuxième concile du Vatican avait déjà restauré, redistribuer les forces et le pouvoir en direction des laïcs, notamment des femmes depuis toujours maintenues en marge de toutes les grandes décisions. Pour la théologienne Véronique Margron, sortir du cléricalisme, « c'est favoriser des gouvernances qui prennent enfin en compte la limite autant que la pluralité. C'est tourner le dos à toute confusion, de celle qui justement favorise le sentiment de toute-puissance quand un clerc se prend à vivre à la fois comme père, frère, docteur, époux[1] ».

Face au discrédit qui frappe le clergé et l'institution romaine, face à la vision en crise d'une papauté comme identité distinctive et indépassable du catholicisme, s'affirme donc plus que jamais la nécessaire rédéfinition des ministres ordonnés et de leur mission, d'un gouvernement plus « collégial », d'institutions « synodales » enfin dotées d'un pouvoir délibératif. Une vision alternative gagne du terrain, celle d'une Église universelle (catholique) comme fédération d'Églises locales, dotées de larges pouvoirs disciplinaire, liturgique voire doctrinal, à l'image des « patriarcats » de l'Église des origines (Jérusalem, Antioche, Constantinople, Alexandrie). La fin du modèle de pouvoir romain issu de la théologie « contre-réformiste » du concile de Trente et de l'infaillibilité réouvrirait également la voie, et ce n'est pas anecdotique,

1. Dans *Un moment de vérité*, de V. MARGRON, Paris, Albin Michel, 2019.

à un rapprochement avec les autres confessions chrétiennes qui bute depuis toujours sur la centrale et épineuse question de la « primauté » et de l'infaillibilité de la figure du pape de Rome.

La preuve en est donnée dans un petit livre sur Martin Luther, opportunément publié en 2017 pour le cinq centième anniversaire de la Réforme, par le cardinal allemand Walter Kasper qui, au Vatican sous Benoît XVI, était chargé des relations œcuméniques, avant de devenir le théologien de référence du pape François. Cet ouvrage résume parfaitement la perspective de son pontificat. Il commence par un juste rappel historique. La théologie « contre-réformiste » qui avait suivi le conflit entre Luther et les papes du XVIe siècle était, explique Walter Kasper, l'« antithèse catholique » apportée au combat de la Réforme contre la papauté. C'est à ce moment le plus aigu de l'affrontement que la « papauté est devenue, d'une manière inconnue jusque-là, l'identité distinctive du catholicisme. Les thèses et les antithèses confessionnelles s'influencèrent et se bloquèrent mutuellement[1] ».

1. W. KASPER, *Luther*, Paris, Éd. du Cerf, 2017.

Dans le contexte actuel de crise, le cardinal allemand exprime le souhait d'une « déconfessionnalisation » des Églises réformées comme de l'Église catholique. Son souhait le plus ardent est de revenir à la situation qui prévalait avant que n'éclatent les conflits religieux du XVIe siècle. De redécouvrir la catholicité originelle, celle qui ne se limite pas au pouvoir romain, ni au point de vue étroitement confessionnel qui enferme l'édifice dans le corset d'un dogme et d'un système discriminatoire (laïcs-clercs, hommes-femmes). La révision historique qu'il appelle de ses vœux est colossale, mais d'autant plus indispensable que les divergences confessionnelles, qui remontent au XVIe siècle et ont fait éclater l'Église latine, n'ont plus aucun sens pour nos contemporains. Les catholiques, comme les protestants, vivent aujourd'hui dans un monde où, dit lucidement Kasper, « Dieu est inconnu et est même, pour bien de leurs contemporains, un mot inconnu ». Le terme même d'Église est devenu aveugle à leurs yeux et dépourvu de tout sens.

Pour revenir à la catholicité originelle, il faut dépasser définitivement, conclut Walter Kasper, l'idéologie contre-réformiste du concile de Trente et celle, infaillibiliste, de Vatican I. Le concile Vatican II avait ouvert cette voie du bon sens, mais sa réception fut controversée. D'où la tâche que s'est assignée le pape François, cette alternance qu'il propose fondée sur une « ecclésiologie du peuple de Dieu et sur une structure synodale de l'Église ». D'où son approche œcuménique nouvelle qu'interprète le cardinal allemand en ces termes : « L'unité des chrétiens est envisagée non plus avec l'image des cercles concentriques autour du centre, mais par l'image du polyèdre, c'est-à-dire d'une réalité à plusieurs facettes. Non pas comme un puzzle assemblé de l'extérieur, mais comme un tout et, puisqu'il s'agit d'une pierre précieuse, d'un tout qui reflète de mille feux la lumière qu'il reçoit. » Le pape s'inspire ici du théologien Cullman, auteur du concept de la « diversité réconciliée » des chrétiens.

Bien sûr, de telles perspectives font ruer dans les brancards les ultra-conservateurs qui s'inquiètent pour l'unité de la foi catholique. Ils ne cessent de s'indigner par exemple devant les interprétations divergentes qui ont suivi le document *Amoris laetitia* du pape François sur la famille et divisent depuis les épiscopats d'Allemagne, de Pologne ou d'Argentine sur le point conflictuel de l'accès des divorcés-remariés au sacrement de l'eucharistie. Faudra-t-il demain justifier les interprétations différentes d'un même point de doctrine au nom de ce « polyèdre », auquel il faudra ajouter un jour probable les Églises réformées ? Ne serait-ce pas la fin d'un modèle d'autorité romaine dont les prochaines étapes seraient une catéchèse et une liturgie « œcuméniques », un affaiblissement du sacrement de l'ordre dans ses aspects les plus romains comme le célibat ecclésiastique ?

Les catholiques qui, dans la foulée de Vatican II et de la révolution des années 1960, appelaient de leurs vœux un dépassement de l'Église absolutiste, cléricale et patriarcale trouvent dans l'actuelle crise des raisons d'espérer. En 1969, un jeune théologien décrivait sa vision du futur, celle d'une Église de taille réduite et partant de zéro, ayant perdu un grand nombre de fidèles et de privilèges, faisant appel à la diversité de tous ses membres, les hommes, les femmes, les laïcs, inventant de nouvelles formes de ministère. Les prêtres à plein temps resteraient, mais l'ordination de laïcs formés et exerçant une profession pourrait être envisagée. Cette Église serait plus pauvre et plus spirituelle. Ce jeune théologien, c'était Joseph Ratzinger, qui devenu Benoît XVI s'est empressé d'oublier son rêve de jeunesse[1].

Plus près de nous, dans son ultime interview publiée le lendemain de sa mort, le 31 août 2012, par le quotidien milanais *Corriere della Sera*, le cardinal Carlo Maria Martini prenait acte, quant à lui, de ce qu'il appelait la grande « fatigue » de l'Église : « Notre culture a vieilli, nos églises sont grandes, nos maisons religieuses sont vides et l'appareil bureaucratique de l'Église se développe. Nos rites et nos vêtements sont pompeux. Nous nous trouvons dans la situation du jeune homme riche qui s'éloigne tristement quand Jésus l'appelle à devenir son disciple. » « L'Église a 200 ans de retard, ajoutait ce grand jésuite. Mais pourquoi ne se secoue-t-elle pas ? Avons-nous peur ? Peur au lieu de courage ? La foi, la confiance, le courage sont les fondements de l'Église. »

Ces deux visions de l'avenir, celle du Ratzinger jeune et celle de Martini, résonnent dans le

1. Dans une interview du 25 décembre 1969 à la radio allemande Hessische Rundfunk. Texte complet dans *Foi et avenir* de J. RATZINGER, Paris, Mame, 1971.

contexte actuel. Lacérée par les scandales à répétition, divisée entre ceux qui éprouvent la tentation du repli au nom de réflexes minoritaires et identitaires et ceux qui veulent maintenir le cap au large, l'Église cherche de nouvelles formes de dialogue avec les hommes d'aujourd'hui. Un changement de structures et de méthodes n'y suffira pas. Mais il faut commencer par mettre à bas un système trop exclusivement romain, tridentin, sexiste et patriarcal.

8

En finir avec l'hypocrisie sur le sexe, le célibat, la chasteté

Que n'a-t-on dit et écrit de cette Église un peu marâtre, trop bavarde ou trop silencieuse, c'est selon, sur le sexe ? Qui idéalise le célibat, la virginité, la chasteté, loin de sa culture juive d'origine pour laquelle le désir et la fécondité sont des signes de bénédiction divine ? C'est un lieu commun de dire que, par ses interdits du divorce, de la pilule, de l'IVG, du sexe hors mariage, de l'homosexualité, de la fécondation médicalement assistée, l'Église catholique s'est coupée de nombre de couples, de jeunes, de femmes, de scientifiques. Je n'ignore rien du bien-fondé de ses réserves sur la défense de la vie, du premier au dernier souffle, de la famille traditionnelle ou de l'embryon. Je n'oublie pas les mises en garde d'un Jean-Paul II, averti par les catastrophes du siècle, assénant, à un monde étourdi par le vertige du progrès et de sa propre liberté, que ce qui est scientifiquement et politiquement possible n'est pas moralement souhaitable[1].

Le « no limit » d'une société qui marche sur la tête, qui ajuste son droit au gré de l'air du temps et de majorités fluctuantes peut choquer. Mais on peine à comprendre que l'Église catholique ait pu si souvent prêter le flanc à l'activisme homophobe ou anti-IVG, ou à des alliances ponctuelles avec les pays musulmans les plus rétrogrades ou les évangéliques les plus fondamentalistes[2]. Dès les origines chrétiennes, son discours sur l'union charnelle ne retient que le « Croissez et multipliez-vous » de la Bible. Pour l'exégète André Paul, auteur d'*Éros enchaîné*, le message d'amour de Jésus a été censuré, vidé de sa dimension charnelle par les interprétations fallacieuses des premiers Pères de l'Église. Influencés par Philon d'Alexandrie et l'école pythagoricienne, ces

1. Voir les deux grandes encycliques de JEAN-PAUL II, *Veritatis splendor* (Splendeur de la vérité) en 1993 et *Evangelium vitae* (Evangile de la vie) en 1995.

2. Lors de la conférence de l'ONU sur la population qui a eu lieu au Caire en 1995, le Saint-Siège a voté une résolution contre l'avortement en accord avec des pays musulmans parmi les plus conservateurs.

derniers font de la dimension procréatrice une valeur exclusive, de la virginité et de la chasteté des moyens supérieurs au mariage pour imiter le Christ. Clément d'Alexandrie (150-215) écrit par exemple que « s'unir sans chercher la procréation des enfants, c'est outrager la nature ». La jouissance sexuelle, cette « petite épilepsie » disait déjà Démocrite quatre siècles avant Jésus, est, pour Clément, « un mal incurable[1] ».

Vingt siècles plus tard, un pape comme Pie XI, dans l'encyclique *Casti Connubii* (1930), écrit encore de l'amour charnel qu'il n'est qu'un « remède à la concupiscence ». En juillet 1968, alors que triomphe partout la libération sexuelle, le pape Paul VI, dans *Humanae vitae* (1968), s'inscrit à contre-courant et ne voit dans l'acte conjugal que le « lien indissoluble » de l'union et de la procréation. Dans le *Catéchisme de l'Église catholique* (1992), le « grand œuvre » de Ratzinger, la procréation est toujours la « fin première » du mariage. Si, avec le temps, le discours catholique s'est assoupli, la chasteté reste l'horizon

1. A. PAUL, *Éros enchaîné. Les chrétiens, la famille et le genre*, Paris, Albin Michel, 2014.

indépassable de l'éthique du couple chrétien et de toute vie religieuse.

Revenons alors à la crise des abus qui est aussi une crise de l'identité sexuelle. On sait que le décalage entre ce que vivent sexuellement les couples et les prescriptions de l'Église est devenu abyssal. La consultation qui, dans beaucoup de pays, a précédé le synode des évêques sur la famille de 2014 l'a amplement démontré. Maintenant on sait que ce décalage existe aussi, et de manière ahurissante, dans la vie sacerdotale et dans la vie religieuse. En dehors du cas limite des déviations sexuelles, les « doubles vies », le concubinage, les amours gays sont des réalités qui éprouvent le vécu d'une sexualité, présumée inaboutie et désordonnée, d'hommes célibataires qui, en tant que prêtres ou religieux, ont consacré leur vie à Dieu. Le pape François lui-même ne cache pas que l'origine de la crise actuelle se trouve aussi dans la rigidité de façade, dissimulant une double vie, de certains prêtres, de cardinaux et d'évêques, dans un célibat mal compris et mal vécu.

Face à un magistère moral enraciné dans une tradition si constante, on peut donc se poser la question de savoir si la crise des abus n'offre pas une chance inouïe de réviser un certain nombre de tabous, aussi anciens dans la vie de l'Église que ceux liés au sexe, à la chasteté de la vie religieuse, au célibat obligatoire des prêtres, à l'homosexualité, à la féminisation des ministères ordonnés. Regarder en face et courageusement ces questions ne serait pas une concession à l'air du temps. Ce serait une exigence venue de la crise elle-même pour tenter de mettre fin à l'insupportable hypocrisie qui règne dans les rangs de l'Église, de faire évoluer la situation du clergé et l'équilibre des ministères.

On sait depuis la nuit des temps qu'il y a de tout, n'ayons pas peur des mots, dans le clergé catholique. Dans le clergé, et de bas en haut. Il y a des vertueux et des saints, des directeurs de conscience à la sublime intelligence et des curés de campagne tout crottés, des héros de films et de romans, des serviteurs de Dieu et du prochain, des éducateurs avisés et des administrateurs zélés. Il y a ceux qui respectent, dans le silence ou la tourmente, leur vœu de chasteté et se consacrent à Dieu dans l'ascèse. Mais combien aussi de pécheurs, de « mondains », de « mauvais bergers » pour reprendre l'expression d'Ézéchiel !

Combien de prêtres donneurs de leçons de fidélité conjugale, en chaire ou en confession, et qui mènent des vies parallèles plus que compliquées ! Combien, plus nombreux encore, ceux qui sont dans la « zone grise », ni saints, ni dévoyés, et ont des aventures amoureuses, vivent en concubinage, voire mariés en cachette. Pas de statistiques incontestables en la matière, mais des pratiques qui ne sont pas rares, des cas de conscience douloureux, des ruptures de vœux officielles ou clandestines.

En 2010, un théologien aussi célèbre que Hans Küng fait scandale en affirmant qu'un lien existe entre le célibat des prêtres et la pédophilie. Küng n'ignore pas que la majorité des agressions sexuelles sur les enfants ont lieu dans le cadre des familles, des écoles, de certaines associations et d'Églises où le célibat n'est pas imposé. Mais, interroge le théologien suisse enseignant à Tübingen et contemporain de Ratzinger, pourquoi la pédophilie est-elle aussi massive dans une Église catholique dirigée par des hommes qui ne sont pas mariés[1] ? La polémique éclate. Ses adversaires

1. Tribune de H. KÜNG publiée dans plusieurs quotidiens européens, dont *Le Monde* du 5 mars 2010.

rappellent la haine de Küng pour l'institution, crient à l'imposture et au mensonge. Aucune relation de cause à effet n'a jamais été cliniquement démontrée entre célibat et pédophilie. L'immense majorité des actes pédophiles est commise par des hommes qui ne sont pas célibataires. Et ceux qui, dans le clergé, sont enclins à une telle perversion l'étaient avant de faire leur entrée au séminaire. « Il y a une disportion criante entre les réalités et la théorie qu'on voudrait nous imposer sur la perversion innée du célibat sacerdotal », résume, après la sortie de Küng, le philosophe Gérard Leclerc, directeur de *France catholique.*

Mais est-ce que tout est dit pour autant ? Affirmer comme une pétition de principe que le célibat imposé à tous les prêtres n'a rien à voir avec la pédophilie de quelques-uns ne doit pas nous dispenser de poser des questions sur la situation dans les séminaires, sur la maturité sexuelle des candidats au sacerdoce, sur la façon dont les prêtres, dans leur vie quotidienne et dans la relation avec les hommes et les femmes de leur entourage, envisagent leur sexualité et leur vie affective, sur la fragilité liée à la surcharge de leurs tâches, l'inquiétude quant à la pertinence sociale de leur rôle, enfin la solitude de beaucoup d'entre eux. Une solitude, source de frustrations, plus grande pour les prêtres que pour les autres célibataires, estime la théologienne Christine Pedotti qui a enquêté sur le sujet : « Au-delà de l'abstinence sexuelle, il y a souvent un grand désert affectif. Le prêtre est supposé aimer tout le monde. Mais en fait, il n'aime personne en particulier et, même s'il est estimé, il n'est pas aimé pour lui-même, en tant que personne humaine, de chair et de sang[1]. »

Sans doute, le prêtre est-il aujourd'hui plus qu'autrefois encouragé par son évêque à vivre et exercer son ministère en communauté. Mais tout risque de dépression, de dérapage, d'addiction (à l'alcoolisme, au tabac, au porno) est-il pour autant écarté ? « Le prêtre diocésain vit dans le même monde que ses paroissiens, sans partage de son temps, ni de son cœur, d'une chasteté au moins désirée[2] », observe le sociologue Jean-Louis Schlegel. Comment continuer à croire possible un

1. C. PEDOTTI, *Qu'avez-vous fait de Jésus ?*, Paris, Albin Michel, 2019.

2. Voir J.-L. SCHLEGEL, « Un nouveau statut du clergé pour vaincre le malaise du célibat des prêtres », dans *Le Monde* du 19 septembre 2018.

exercice serein du vœu de chasteté face au déferlement des images, réelles ou virtuelles, d'une liberté sexuelle toujours davantage étalée, de l'érotisme et de la pornographie ? Comment continuer à croire possible une fuite efficace dans la vie spirituelle et la sainteté ? Peut-on évacuer tout lien éventuel entre le célibat non choisi, mal vécu, la solitude, les frustrations d'un prêtre, aussi respectueux soit-il de sa vocation et sa mission et l'hypocrisie, la déviance qui sont au cœur de la crise actuelle ? Après la révélation de crimes sexuels en Pennsylvanie, une écrivaine catholique franco-canadienne, Nancy Huston, laisse éclater sa colère : « La preuve a été faite et refaite. Le célibat obligatoire des prêtres ne marche pas ! La plupart des prêtres ne sont pas chastes. Ils n'arrivent pas à l'être. Il faut en prendre acte et enterrer une fois pour toutes ce dogme inique. Il est criminel de tergiverser alors que, partout où il sévit, le massacre continue[1]. »

Ce « dogme » peut-il changer ? Si, contrairement à la pratique des rabbins de son époque,

1. N. HUSTON, écrivaine franco-canadienne, dans *Le Monde* du 20 août 2018 : « Supplique au pape François sur la pédophilie ».

Jésus le Christ ne s'est pas marié, ses disciples le sont, tout au long de leur apostolat, y compris Pierre, le premier d'entre eux. Dans les premiers siècles de l'Église, le célibat du clerc n'est pas une loi contraignante, mais une vocation librement consentie. Les prêtres, les évêques – et les papes – ne sont pas soumis à l'abstinence. Il arrive même qu'on soit évêque de père en fils ! C'est au début du Ve siècle, sous la pression des moines, plus nombreux à l'époque et célibataires par choix, que le statut du prêtre commence à changer, que la règle de l'abstinence s'étend au clergé séculier. Mais pendant tout le premier millénaire chrétien en Occident, des hommes mariés ont été ordonnés prêtres et évêques. La doctrine du célibat obligatoire ne se fixe qu'au XIe siècle sous Grégoire VII et au concile du Latran (1123-1139), celui qui déclare « invalides » les mariages contractés par les diacres et les prêtres après leur ordination. Une fois marié, le contractant ne peut plus recevoir les ordres sacrés.

À partir de cette date, le célibat s'impose définitivement dans l'Église latine, en fait lié et identifié à l'absolutisme papal, à ce cléricalisme typique d'un « système romain » qui va peu à peu se couper du peuple chrétien. C'est à partir de cette époque que le clergé célibataire se constitue comme une classe à part, soumise au pape, mais soumettant les laïcs. On est alors loin de l'ascétisme, de l'offrande de soi et de la disponibilité invoqués aujourd'hui pour justifier l'abstinence. Le célibat n'est pas exigé par la nature du sacerdoce, mais il est le moyen radical de réaliser le don total à Dieu et aux autres. Un don inspiré de l'exemple du Christ qui demande à ses disciples de « tout quitter pour le Royaume » (Luc 5-11). Aujourd'hui encore le prêtre, le moine, la moniale déclare vivre son vœu de chasteté comme une offrande de tout son être, corps et âme. Le prêtre, le moine, la moniale admet évidemment que le célibat est difficile à vivre, exige des sacrifices, mais assure que ce n'est pas une mutilation. Le célibat peut même être une voie d'accès à un équilibre supérieur, une qualité d'amour qui n'est pas si différente au fond que celle vécue par le couple.

La discipline du célibat du prêtre est fortement remise en cause aujourd'hui. Elle l'a été d'abord en raison du contexte angoissant de pénurie sacerdotale, même si personne ne sait avec certitude si c'est l'interdiction du mariage qui est dissuasive et responsable du déficit du nombre des vocations. Le célibat est remis en cause à présent dans le contexte d'une crise des abus qui bouleverse l'ordre établi de toutes les questions sur le prêtre, d'une contestation de la vision de la sexualité humaine par l'Église et d'un environnement social où la règle du célibat ne paraît plus tenable, ni tenue chez les prêtres et où s'exprime, plus nettement que jamais, un consensus pour estimer qu'il est préférable d'admettre des tolérances, de prévoir des accommodements à la règle, plutôt que devoir supporter plus longtemps le mensonge et l'hypocrisie.

Dans les débats sur le « cléricalisme », un point au moins semble faire l'unanimité chez les catholiques : l'aspiration à un nouveau statut, un nouveau mode de relation du prêtre avec sa communauté et d'exercice de son pouvoir. À cet égard, le chantier est ouvert et il n'est pas indécent, au contraire, de rappeler quelques évidences : que le célibat ecclésiastique n'est pas un dogme, mais une simple discipline, aléatoire dans le temps et l'espace. Que l'Église en Orient compte depuis toujours des prêtres mariés. Que l'Église latine elle-même a intégré récemment des ministres luthériens et anglicans, convertis au catholicisme, qui sont mariés. Que les évêques et les prêtres mariés des premiers siècles de l'Église n'étaient pas moins consacrés à Dieu et au service des hommes que ceux d'aujourd'hui. Que les prêtres mariés des Églises d'Orient ne sont pas de moins bons prêtres que les prêtres célibataires de l'Église latine aujourd'hui.

On n'a guère d'indice de la volonté du pape de changer à terme la discipline du célibat ecclésiastique. Si lui, ou son successeur, devait un jour y consentir, ce ne serait bien sûr pas pour les risques de déviances sexuelles qui, répétons-le, sont des prédispositions, non des conséquences du célibat. L'Église a pour le moment décidé de porter son effort sur la sélection des candidats au sacerdoce, sur l'équilibre affectif des séminaristes et des prêtres, sur l'urgence de prévenir les conduites à risques. Mais elle rappelle que le célibat est un charisme et un appel, « un choix de vie, comme celui de vivre dans la pauvreté », a dit un jour François. Le pape n'a pas d'attitude sectaire pour les prêtres qui renoncent au sacerdoce pour l'amour d'une femme : « Je suis le premier à accompagner un prêtre quand il m'annonce qu'il veut se marier. Je ne l'abandonne pas. Ce que je ne tolère pas, c'est la double vie[1]. » Si la question de la liberté de choix du célibat devait à l'avenir s'imposer dans l'Église, ce serait par un autre biais, celui de l'ordination d'hommes mariés qui reste une sérieuse éventualité. Bergoglio a toujours affirmé que la porte était ouverte à cette ordination, mais qu'elle serait soumise, en tout état de cause, à l'initiative des conférences épiscopales locales plus qu'à des décisions imposées d'en haut.

On sait que la crise des abus n'est pas qu'un mauvais moment à passer. C'est un rendez-vous obligé avec son temps pour une institution figée dans ses textes et ses comportements. Comme pour le célibat des prêtres, la question de l'homosexualité ne peut plus être traitée de manière théorique ou dogmatique. Elle est devenue existentielle pour l'Église. Du clergé gay, James Martin, un jésuite

1. Cardinal BERGOGLIO, entretiens avec F. AMBROGETTI et S. RUBIN parus en Argentine en 2010. Voir J. MERCIER, *Célibat des prêtres, la discipline de l'Église doit-elle changer ?*, Paris, DDB, 2014.

influent au Vatican, déjà cité, a prononcé un jour cette évidence dans *Crux*, le premier site américain d'informations catholiques : « L'idée d'une épuration des prêtres gays de l'Église est aussi ridicule que dangereuse. Une telle épuration viderait les paroisses et les ordres religieux de milliers de prêtres et d'évêques qui y mènent pourtant une vie saine de service et restent fidèles à leur célibat. » Connu pour son militantisme pro-homosexuels, il ajoutait : « Les catholiques LGBT sont des catholiques comme les autres. Et ils ont beaucoup à apporter aux paroisses. Ils ont été tellement marginalisés qu'ils éprouvent une compassion naturelle pour ceux qui sont en marge. »

Après la sortie du livre *Sodoma*, un prêtre gay, sous réserve d'anonymat, a témoigné de sa vocation et de son parcours dans le quotidien catholique *La Croix* : « J'ai décidé de vivre avec mon homosexualité et non contre elle, pour ne pas vivre contre moi. Je ne crois pas que le Seigneur ait été ignorant de ma condition. Je ne crois pas que ma vocation ait été fondée sur une fuite de ma sexualité, mais bien sur un appel qui retentit au plus profond de mon être. » Ce prêtre se dit abstinent, mais il comprend que ses confrères homosexuels fassent un autre choix : « La répression externe dans le discours social et ecclésial, et interne dans le psychisme, est d'une telle violence qu'il est impossible de tenir autrement dans une vie d'homme. » Dans *La Croix*, un important courrier de sympathie a suivi cette révélation[1].

Il est loin le temps où l'homosexualité passait dans l'Église, comme dans presque toute la société, pour une maladie mentale. Où un pape comme Pie X, devenu saint, la condamnait comme « un crime contre-nature qui crie vengeance à la face de Dieu » ! Les temps et le discours ont changé. On dit même que le pape François est *gay friendly*. Mais, en doctrine, le mode de vie gay reste incompatible avec la moralité catholique. Un interdit qui remonte aux premiers temps bibliques : « C'est une abomination », disait de l'homosexualité le livre du Lévitique. Avec l'inceste, elle est l'un des plus vieux tabous de l'humanité. Pour ce crime, Socrate a été condamné à boire la ciguë et, dans son épître aux Romains (1, 26), Saint-Paul maltraite ceux qui en vivent. Dans le *Catéchisme catholique* de 1992, les relations entre hommes ou

1. Voir *La Croix* du 25 février 2019.

femmes de même sexe sont qualifiées de « dépravations graves », contraires à la loi naturelle, et « intrinsèquement désordonnées ». Certes, les gays et les lesbiennes ne doivent pas être discriminés, mais ils sont fermement invités à rester abstinents pour la simple raison que leurs relations « ne procèdent pas d'une complémentarité affective et sexuelle véritable. Elles ferment l'acte sexuel à la procréation et au don de la vie ».

Rien n'a fait depuis bouger la loi de l'Église : ni l'acquis le plus récent des sciences humaines sur les genres et la sexualité masculine et féminine, ni la reconnaissance, quasi universelle dans les États de droit, de l'homosexualité comme d'une orientation de vie sexuelle, d'une condition non choisie, ni les batailles contre la discrimination dans l'accès au mariage ou à la procréation médicalement assistée. C'est en 2003 que le Vatican déclenche les hostilités contre le « mariage gay » légalisé aux Pays-Bas et en Belgique et qui risque de s'étendre. Pour lui, le respect dû aux personnes n'impose pas d'accepter les « unions » homosexuelles, encore moins leur reconnaissance légale. Forts de ce veto, des milliers de catholiques, laïcs, prêtres, évêques, ne vont plus s'en tenir aux condamnations de principe, mais user de tous les moyens de pression, y compris les manifestations de rue, pour faire échouer les projets d'union de même sexe.

En 2011, Benoît XVI interdit l'accès au séminaire et au sacerdoce des jeunes hommes « qui présentent des tendances homosexuelles profondément enracinées ou qui soutiennent ce qu'on appelle la culture gay ». Ainsi les gays sont-ils déclarés inaptes au sacerdoce et l'homosexualité est-elle décrite comme « une immaturité foncière de la sexualité humaine ». Les communautés gays s'indignent, redoutent la délation à l'intérieur du clergé… Mais ce sont les mots de l'institution. Des mots blessants, offensants pour des hommes et des femmes victimes de stéréotypes méprisants, qui commencent à sortir de l'ombre (pas partout), à bénéficier de droits nouveaux et de signes de reconnaissance. Ce sont les mots et les combats d'une Église qui perd pied face à une libéralisation des mœurs devenue exponentielle et à des revendications égalitaristes toujours plus pressantes. Les dérapages homophobes des manifestations anti-« mariage pour tous » renvoient à un obscurantisme hors d'âge et un climat de condamnation qu'on ne retrouve même plus dans le Vatican du pape François.

Celui-ci veut sortir de la guerre qu'il sait perdue d'avance sur ces questions clivantes du sexe. Dès son entretien déjà cité à *La Civilta catholica* de septembre 2013, il propose une version *light* de l'homosexualité qu'il fonde sur la miséricorde et l'accompagnement. Une tolérance élargie à tous ceux qui sont en « situation irrégulière » et se sentent – ou ont été – condamnés par l'Église. Cette empathie pour les homosexuels est un phénomène nouveau. La question que pose François : « Si une personne est gay et cherche le Seigneur de bonne volonté, qui suis-je pour la juger ? » fait le tour du monde. C'est la première fois que le mot *gay* franchit les lèvres d'un pape et cela lui vaut un chaleureux courrier venant d'homosexuels, prêtres et laïcs. On raconte qu'un jour, au cardinal Müller, alors préfet de la doctrine à la Curie, qui l'interroge sur les sanctions à prendre contre un vieux théologien connu pour ses mœurs, François répond par une boutade significative : « Ce ne serait pas mieux de l'inviter à prendre une bière ? Et de lui parler comme à un frère pour trouver une solution au problème ? » Au Vatican, le pape reçoit des homosexuels, des transsexuels, accueille le premier ministre du Luxembourg accompagné de son mari, un architecte belge. Réagit avec émotion au massacre de quarante-six personnes dans un club gay d'Orlando en Floride : « L'Église doit présenter ses excuses aux personnes homosexuelles qu'elle a offensées ! Comme aux pauvres, comme aux femmes qui ont été exploitées, comme aux jeunes privés de travail. »

Pour autant, ce pape ne change rien sur le fond de la position de l'Église. Des paroles bienveillantes n'ont jamais fait une doctrine. François ne tolère aucune attitude homophobe, aucune marginalisation de la population homosexuelle, mais il rejette la qualification de « mariage » pour les unions entre personnes de même sexe : « Il n'y a aucun fondement pour assimiler ou établir des analogies, même lointaines, entre les unions homosexuelles et le dessein de Dieu sur le mariage et la famille[1]. » Le virage qu'il a pris sur cette question n'est toutefois pas purement cosmétique. Qu'un pape dise pour la première

1. Dans *Amoris laetitia*, du pape FRANÇOIS, septembre 2016.

fois aux catholiques que les gays ne doivent plus être traités comme des gens étranges, mais comme une variante de la normalité, est tout sauf anodin. Dans le contexte actuel, il faut même y voir un vrai travail pédagogique : celui qui consiste à distinguer entre, d'une part, les crimes que sont la pédophilie, les agressions sexuelles sur mineurs, les actes non consentis par abus d'autorité ecclésiastique et, d'autre part, des pratiques homosexuelles légales entre majeurs et consentants. Qui pourrait s'opposer à la porte ainsi demi-ouverte à une population si longtemps exclue de l'Église et ne pas espérer de nouveaux pas ?

L'autre discrimination liée au sexe concerne l'accès des femmes à un pouvoir réservé dans le système catholique aux seuls mâles célibataires. Aveuglée sur sa moitié féminine, repliée sur sa caste cléricale et son fonctionnement patriarcal, l'Église ne produit plus que des discours coupés du réel. Tant qu'elle occupait la place centrale dans une société encore chrétienne, elle n'était pas perçue comme misogyne et rétrograde. Mais le « sous-prolétariat de femmes » (Anne Soupa) qui s'en est suivi et s'est maintenu, en dépit des combats émancipateurs et d'un concile Vatican II qui avait promu un laïcat autant féminin que masculin, apparaît de plus en plus comme une grossière anomalie. Face à des évolutions qui, partout dans le monde, vont dans le sens d'une prise de pouvoir plus grande des femmes, face à des campagnes pour mettre hors jeu et punir le harcèlement, le machisme et le sexisme, l'argumentation catholique pour légitimer la mise à l'écart des femmes dans la célébration du culte, dans la prédication, dans l'enseignement aux postes les plus envieux, n'est plus tenable. Pas plus que ne l'est le célibat imposé ou le rejet de l'homosexualité.

On se souvient peut-être de la stupéfaction feinte – « Mais où est donc ici la moitié de l'humanité ? » – d'un cardinal, dans la basilique Saint-Pierre de Rome, devant les rangées exclusivement masculines des deux mille clercs du concile Vatican II qui allaient décider du sort de l'Église. Depuis un demi-siècle, des progrès ont été faits. L'accès des femmes aux responsabilités dans l'Église s'est élargi. La question féminine n'est plus tenue pour anodine et le Vatican s'élève régulièrement contre les discriminations fondées sur le sexe. Puisant dans l'exemple des femmes qui suivaient Jésus, les papes louent leur contribution à une société plus humaine, leur sensibilité propre, leurs valeurs spécifiques. Mais aucun n'a encore osé bousculer la hiérarchie cléricale. Aucun n'a remis en cause le pouvoir exclusivement masculin à la tête de l'Église. Et on nage en plein paradoxe. Les femmes sont majoritaires, et de très loin, dans les ordres religieux, dans les écoles catholiques, dans les aumôneries d'étudiants, d'hôpitaux, de prisons. Elles sont de plus en plus qualifiées et diplômées dans les instituts de théologie. Elles assurent en totalité l'enseignement religieux des enfants, préparent les fidèles au mariage, au baptême, prêchent des retraites, enseignent aux séminaristes, animent les messes du dimanche et des cérémonies de funérailles. Mais elles restent écartées des ministères ordonnés – sacerdoce, diaconat – et des principaux organes de concertation et de décision. Si elles exercent un pouvoir de fait dans les églises, les femmes n'ont, en fait, aucun pouvoir dans l'Église.

Le pape François sait à quel point le catholicisme déjà affaibli s'épuise dans des querelles anciennes et byzantines comme celle qui porte sur l'accès des femmes au diaconat et au sacerdoce et que les autres Églises ont résolue depuis longtemps. Il sait que, depuis une disposition « définitive » de Jean-Paul II en 1994, l'ordination au sacerdoce est « exclusivement réservée aux hommes », de fait interdit aux femmes. L'ordination ne relève pas d'une simple « discipline », comme le célibat, qu'il est possible de modifier, mais d'une tradition immuable : le prêtre qui célèbre l'eucharistie *in persona Christi* (en la personne du Christ) ne peut être qu'un homme puisque le Christ était un homme. François a créé une commission de réflexion en vue de la restauration d'un diaconat féminin qui ne devrait pas offrir de difficulté puisqu'il existait déjà aux premiers siècles chrétiens. Mais chacun devine que ce débat est piégé. Si l'Église ouvre demain la voie aux femmes-diacres, au nom de quels arguments pourra-t-elle empêcher que la femme accède aussi au sacerdoce, c'est-à-dire à l'espace du sacré. Sur ce point aussi, la crise des abus sexuels et spirituels et les aspirations qu'elle suscite offre une chance d'évolution. Dans la situation où elle se trouve, personne ne peut croire que l'Église puisse se dispenser de nouvelles étapes décisives en vue d'une plus grande parité hommes-femmes dans ses responsabilités et ses décisions.

9

En finir avec la vision disciplinaire et doctrinaire du rôle de l'Église

Et si on avait tout faux ! Si la crise morale de l'Église, portée à incandescence par le scandale des abus, était d'abord une crise doctrinale ! Ainsi posée, la question brûle les lèvres à Rome. Elle est devenue l'angle principal des attaques contre le pape François. La crise ne se réduit pas à des écarts de conduite de quelques membres du clergé et à la lâcheté de leur hiérarchie épiscopale. Pour la comprendre, il faut gratter la surface, creuser et examiner tous les abandons et les renoncements qui seraient intervenus depuis les années 1960. La confusion doctrinale aurait engendré un grand désordre moral, et vice-versa. « Les abus ont proliféré pendant les dernières décennies de laisser-aller, de contestation de la doctrine de l'Église en matière sexuelle, devenue pour beaucoup de catholiques eux-mêmes complètement anachronique », tranche le théologien italien

Serafino Lanzetta. À vouloir s'adapter à la mentalité moderne, la doctrine catholique a perdu de sa pertinence. Elle n'est plus qu'« un beau livre d'images sur une étagère couverte de poussière ». Une nouvelle crise « moderniste » s'ouvre, plutôt une crise « postmoderniste », conclut Lanzetta[1].

Cette thèse typique de la pensée ultraconservatrice dans l'Église a reçu un renfort de poids avec le pape Benoît XVI. Au début de 2019, Ratzinger est sorti de son silence pour mettre en cause, à l'origine des abus, l'« esprit de Mai 68 », l'« écroulement de la théologie morale » dans une Église qui aurait renoncé à la « loi naturelle » pour une morale sans référence à un « bien » et à un « mal » objectifs et pour qui, dorénavant, « la fin justifie les moyens ». Le pape émérite en profite pour régler de vieux comptes avec ses ennemis de toujours, ces théologiens qui refusent d'admettre qu'il existe des « actes intrinsèquement mauvais »

1. Le père Serafino Maria Lanzetta, membre de la congrégation des Franciscains de l'Immaculée, enseigne à la faculté de théologie de Lugano. Spécialiste de l'herméneutique du concile Vatican II, il fait le lien, dans cet article publié dans *L'Espresso* (octobre 2018), entre la crise des abus et la contestation d'*Humanae Vitae*.

et mènent une « cabale » contre le magistère moral de l'Église. À l'entendre, ce sont les mêmes qui répandent l'idée que toutes les religions se valent sans « spécificité particulière » du christianisme[1].

Ainsi la crise serait-elle la pointe de l'iceberg de la grande confusion spirituelle qui régnerait dans l'Église, le signe d'une absolue perte de confiance dans la doctrine catholique. L'épidémie des abus serait au croisement d'une crise morale et d'une crise doctrinale qui n'aurait qu'un précédent dans l'histoire : celui des XIe et XIIe siècles quand l'Église était ébranlée jusque dans ses fondements « par la propagation d'abus sexuels et de pratiques homosexuelles de façon épidémique au sein du clergé », comme l'écrit l'historien allemand Walter Brandmüller, un cardinal qui est à Rome l'un des chefs de la contestation anti-François et qui voit la « souillure sodomite s'infiltrer comme un cancer dans l'ordre ecclésiastique. Comme une bête assoiffée de sang qui se déchaîne dans la bergerie

1. BENOÎT XVI dans sa plus longue intervention (18 pages) depuis sa renonciation, publiée dans la revue théologique allemande *Klerusblatt*, avril 2019.

du Christ[1] ! » Un constat largement partagé dans les milieux traditionalistes qui sonnent à nouveau la charge contre ces années 1960 où la « secte moderniste » et Vatican II auraient ouvert la voie « aux scandales immoraux de clercs dévoyés qui rejaillissent sur l'image de l'Église et la salissent aux yeux du monde. Ces scandales qui sont le fruit de la funeste doctrine conciliaire, révolte de l'homme qui se fait Dieu contre la Tradition catholique et ses exigences divines[2] ».

Quand, en plein été 2018, éclate la polémique Vigano sur l'influence des réseaux homosexuels dans l'Église, le camp ultraconservateur au Vatican s'enflamme et il dénonce cette « honte » comme le fruit de la confusion qu'aurait jetée le pape François sur les points forts de la morale catholique, de ses prétendus renoncements sur les questions clés de l'avenir du couple, de la famille, de l'homosexualité. Ce discours apocalyptique est

1. Dans le mensuel allemand *Vatican Magazin*. Historien de l'Église, le cardinal W. BRANDMÜLLER est l'ancien président du comité des sciences historiques du Vatican.

2. F. DE VILLASMUNDO, écrivain catholique dans *Medias-Press.Info*.

devenu le fonds de commerce de personnages aussi douteux que Raymond Burke, ce cardinal américain déjà cité, placardisé par le pape en 2017, pour qui l'exhortation *Amoris Laetitia (La Joie de l'Amour)* est hérétique. Ou, dans un genre plus affable, le Guinéen Robert Sarah, un autre cardinal maintenu en fonction à la Curie, mais qui défend des positions diamétralement opposées à celles de François sur la famille, les homosexuels et l'immigration. Qui dénonce le divorce comme un « scandale » et le remariage comme un « adultère ». Pour qui l'« idéologie du genre » et les unions homosexuelles sont la « bête de l'apocalypse » envoyée par Satan pour détruire l'Église et le monde. Quelques têtes de chapitre de son dernier livre donnent la mesure de cette pensée conservatrice : « la crise de la foi », « la crise du sacerdoce », « la haine de l'homme », « la haine de la vie », « les erreurs de l'Occident », « les séductions trompeuses », « le déclin du courage », « la marche funèbre de la décadence »[1].

1. CARDINAL SARAH, *Le Soir approche et déjà le jour baisse*, Paris, Fayard, 2019.

Faut-il en rire ou en pleurer ? Que vaut ce procès intenté au pape par une cohorte catholique de droite et d'extrême droite que la crise des abus a déchaînée ? Y a-t-il un lien de cause à effet entre ce soi-disant effritement de la doctrine morale, un demi-siècle après le Concile, et l'actuel scandale à la tête de l'Église ? Poser la question, c'est s'interroger sur les options pastorales de ce pontificat, sur les résistances qu'elles suscitent, sur leur capacité à surmonter le divorce avec la société moderne. C'est replacer dans la longue durée une crise venue d'une affirmation toujours plus vigoureuse du droit des individus, d'une revendication à l'autonomie qui ne cesse de s'élargir et qui, constate la sociologue Danièle Hervieu-Léger, « embrasse la sphère de l'intime aussi bien que la vie morale et spirituelle d'hommes et de femmes qui, sans cesser d'être croyants, récusent la légitimité de l'Église à dire la norme dans des registres qui ne relèvent que de leur conscience personnelle[1] ».

1. D. Hervieu-Léger dans une interview à *Télérama* du 17 novembre 2018.

Se souvient-on des premières années où les médias du monde entier s'étaient entichés du pape François ? Il fait la couverture de *Vanity Fair*, puis du magazine *Fortune* et de *Rolling Stone*, un phare de la contre-culture. *The Economist* conseille à l'université de Harvard de l'inscrire, à l'égal d'un Steve Jobs, à l'étude des grands leaders d'opinion et autres redresseurs d'entreprises. Le magazine américain *Time* le consacre comme « personnalité de l'année 2013 », une reconnaissance qu'un Jean-Paul II avait mis quinze ans à obtenir. Sa cote de popularité atteint des sommets, soulève jalousie et admiration. Mais le malentendu éclate quand le prestigieux *Time* révèle que Bergoglio a été choisi comme « personnalité de l'année » à cause de « son rejet des dogmes et son rejet des fastes de l'Église ». Un pape qui rejette les dogmes ? Les protestations fusent et le magazine doit publier, dès la semaine qui suit, un rectificatif précis.

Ce couac résume le paradoxe François. Le paradoxe d'une consécration sur papier glacé et d'une popularité à haute dose d'artifice et de communication. La nomination du pape comme leader le plus influent au monde tombe l'année 2013 où la Cour suprême des États-Unis ouvre la voie au mariage homosexuel et où la France ratifie son « mariage pour tous » contre lequel l'Église s'est mobilisée pendant des mois. À sa façon, l'éditorialiste du *Daily Telegraph*, Tim Stanley, remet les pendules à l'heure : « Il y a en fait deux papes. Le premier est François tel qu'il est vraiment : l'homme choisi pour défendre et exprimer la foi de l'Église. L'autre est François tel que l'intelligentsia libérale aimerait qu'il soit : un militant humaniste sur le point de rendre l'Église catholique acceptable dans les dîners de Manhattan[1]. »

Le pape est-il un défenseur de la foi ou un militant humaniste séduisant le monde ? C'est le cœur du débat. Dans une société moderne où l'acte de foi et la conduite morale ne se fondent plus sur des dogmes et des prescriptions extérieures, mais sur une liberté de conscience toujours davantage revendiquée, il faut faire bouger les lignes. La parole de l'Église ne peut plus se limiter à une répétition d'interdits et se conformer à une ligne purement normative, énonce le pape François. « Les lamentations ne nous aideront jamais à trouver

1. *Daily Telegraph*, le 23 décembre 2013.

Dieu. Les lamentations qui dénoncent un monde barbare finissent par faire naître à l'intérieur de l'Église des désirs d'ordre, entendus comme pure conservation ou réaction de défense », avait-il prévenu, dès 2013, dans son interview à *La Civilta catholica* et aux revues jésuites. Le ton était donné aux futures polémiques sur le mariage, la famille, le divorce, l'homosexualité, l'avortement, la contraception. « Je n'en parle pas assez et on m'en fait le reproche. Mais il n'est pas nécessaire d'en parler en permanence. Les enseignements, tant dogmatiques que moraux, ne sont pas tous équivalents », avait-il ajouté.

C'est un tournant. Plutôt que de pleurer sur un passé qui ne reviendra pas, l'Église doit parler d'abord d'un Dieu qui pardonne. Plutôt que de juger et de condamner, elle doit écouter et accueillir. Elle n'est plus la gardienne des mœurs et des petites doctrines. Comme un « hôpital de campagne », elle soigne d'abord les cœurs blessés, témoigne de l'amour de Dieu pour ceux qui en sont le plus éloignés : les gays, les femmes qui avortent, les divorcés qui se remarient. Wojtyla et Ratzinger avaient aussi une haute conception de la miséricorde de Dieu et de la pastorale missionnaire, mais le pape jésuite rompt avec la lecture critique que ses deux prédécesseurs faisaient de la modernité, avec leur condamnation répétitive de ce qu'ils appelaient le subjectivisme moral, le relativisme éthique, l'absolutisme d'une liberté qui serait devenue incapable de se fixer ses propres limites.

La même distance est prise sur le statut de la « vérité » et le rôle de la conscience. Dans des échanges restés célèbres avec Eugenio Scalfari, le directeur de *La Reppublica*, pape du journalisme italien qui fait profession de foi d'agnosticisme, François affirme que la conscience individuelle est toujours première et légitime : « Écouter sa conscience et lui obéir, cela veut dire prendre une décision face à ce qui est perçu comme bon ou comme mauvais. C'est la nature de cette décision qui détermine si ce que nous faisons est bon ou mauvais. » Dans la même logique, il ajoute : « Chacun de nous a son idée en ce qui concerne le Bien et le Mal et il doit choisir de suivre le bien et de combattre le mal tel qu'il les conçoit. » Ces propos font scandale. Que l'individu soit promu comme première instance de la décision morale est en contradiction formelle avec tout le discours catholique sur la subjectivité, la conscience comme un des cheminements de l'homme vers la Vérité, discours mûri par des siècles de réflexion théologique depuis Augustin jusqu'à Newman, repris, avec la vigueur que l'on sait, par un Ratzinger-Benoît XVI.

Quoi, il n'y aurait plus d'autorité à la tête de l'Église pour définir le Bien et le Mal ? Une autre vision du magistère moral s'esquisse avec le pape François, symbolisée par le fameux « Qui suis-je pour juger ? ». Quand un pape s'interroge sur le regard à porter sur les homosexuels, après des siècles de blâme et d'exclusion, n'est-il pas en contravention avec l'histoire et la fonction même du successeur de Pierre ? N'est-ce pas la fonction proprement dite du pape de juger, d'arbitrer, de trancher ? Ainsi, en rappelant qu'un jugement n'équivaut pas forcément à une condamnation, le pape Bergoglio incarne-t-il un autre exercice de l'autorité. De même, quand il ajoute que l'« ingérence spirituelle dans la vie personnelle ne doit pas être possible », il fait sien ce lieu commun typique de la postmodernité : la décision individuelle est, en tant que telle, toujours bonne, parce qu'elle est personnelle, libre, simple et inattaquable.

Qui donc est ce pape qui, dans un texte intitulé *Amoris laetitia (La Joie de l'amour)*, cite Jose-Luis Borges, Octavio Paz, Martin Luther King ou un film comme *Le Festin de Babette* ? Qui rompt avec les anathèmes sur l'amour et la sexualité ? Qui ne réduit pas l'acte au simple devoir conjugal, donne sa pleine légitimité à l'amour charnel, à l'érotisme qui « n'est pas un mal en soi, mais un don de Dieu ». Tirant les leçons du synode sur la famille, François prend acte, dans ce document de 2016, de la faillite du modèle traditionnel du mariage chrétien, de la multiplication des couples illégitimes. Mais au lieu de se plaindre, il déplore l'archaïsme du discours catholique : « Nous avons multiplié les attaques contre le monde moderne décadent. Mais rester dans une dénonciation rhétorique n'a pas de sens. » Il n'ignore pas les déviations de la sexualité, la manipulation et la marchandisation du corps, « les formes permanentes de domination, d'hégémonie, d'abus, de perversion et de violences conjugales et sexuelles », mais il résume dans une formule la révolution copernicienne qu'il veut entreprendre dans l'Église : « Nous sommes appelés à former les consciences. Non plus à prétendre nous substituer à elles. »

Ce synode d'évêques tenu à Rome en octobre 2014 et octobre 2015 avait montré l'étendue du fossé creusé entre les tenants d'une Église « intransigeante » sur la morale familiale, qui se trouvent surtout en Afrique, aux États-Unis, en Europe de l'Est, et les partisans d'un assouplissement, d'un accueil plus large des familles dites « irrégulières », des divorcés, des concubins, des mariés civilement. Le sujet le plus brûlant était celui de l'admission à l'eucharistie des divorcés et remariés que n'autorise pas l'actuelle discipline de l'Église catholique. La banalisation du divorce, la polygamie en Afrique sont autant d'arguments en faveur du maintien absolu de la règle du mariage indissoluble. Le pape connaît les enjeux, mais tient bon sur la méthode : ne pas exclure, mais intégrer ; ne pas punir, mais accueillir. L'accompagnement des divorcés-remariés doit l'emporter sur la discipline sacramentelle.

En bon jésuite, François propose des critères de « discernement », mais son document final ne dit pas explicitement qu'une intégration des divorcés-remariés au cas par cas peut aller jusqu'à l'accès au sacrement. Il ne l'exclut pas non plus, ouvrant timidement la voie à une autorisation de communier pour ces couples de chrétiens. Les évêques allemands et argentins se sont précipités dans la brèche, mais une incroyable cabale a éclaté à Rome. Des cardinaux de haut rang ont rendu publics – ce qui ne se fait pas dans la tradition romaine – ce qu'ils ont appelé des *Dubia* (des « *doutes* ») mettant en cause l'autorité du pape, la légitimité de son interprétation sur ce pilier de la morale catholique qu'est le mariage indissoluble. Ils disent redouter l'admission prochaine du divorce dans l'Église catholique comme chez les protestants et les orthodoxes et le supplient de dissiper une fois pour toutes les incertitudes sur l'avenir de la morale catholique[1].

C'est le début d'une rébellion qui va durer, prendre de l'ampleur, se superposer au scandale des abus et, finalement, rallier tous ceux qui dénoncent avec régularité les prétendus abandons

1. Les auteurs des *Dubia* de 2016, à la tête de la contestation conservatrice au Vatican, sont les cardinaux W. Brandmüller, R. L. Burke, C. Caffara et J. Meissner. Les deux derniers sont décédés en 2017.

de la doctrine morale, étouffée par ce qu'ils appellent l'« esprit du monde ». Tous ceux qui disent ou écrivent, à longueur de colonnes, que la doctrine du mal en particulier, celle du diable et du péché, n'est plus enseignée, qu'elle a été remplacée, dans les écoles, les séminaires et les prédications, par « les lectures de Freud et de Jung sur la faiblesse humaine ». Tous ceux qui pensent que la doctrine de la miséricorde, chère à ce pape venu d'Amérique latine, est devenue un artifice théologique pour couvrir du voile du pardon la nature objective de la faute.

Alors, résumons-nous. Le pape François n'a pas touché à un « iota » de la morale catholique. Il n'a proposé aucune réflexion nouvelle sur l'avortement, sur la procréation médicalement assistée ou sur les unions de même sexe. Sur la contraception, on se souvient comme la contestation de l'encyclique *Humanae vitae* de Paul VI fut violente et les adversaires de François lui prêtent régulièrement l'intention de revenir sur la condamnation de 1968 pour l'adapter aux « nouveaux paradigmes ». Mais le pape n'a laissé entrevoir aucune évolution de la position de l'Église sur l'interdit de la pilule et des moyens non-naturels de contraception. Ainsi, en dépit de tous les démentis donnés par son action, il reste la victime d'un procès qui l'accuse, sinon d'abandonner, au moins de cesser de défendre des principes et des disciplines qui ne sont plus compris de la société moderne. D'engager des « processus », un mot et une méthode qu'il affectionne, en vue d'une approbation qui serait donnée un jour par l'Église au mariage homosexuel, à la théorie du genre ou une conception nouvelle de la fin de vie.

La rébellion conservatrice s'étend, s'organise, débouche sur des critiques répétées, dramatise l'effondrement de l'Église. On aurait tort de la sous-estimer, ne serait-ce que pour des raisons géopolitiques. Le seul continent dans lequel les catholiques progressent dans le monde, c'est précisément l'Afrique subsaharienne dont plusieurs évêques et cardinaux sont à l'avant-garde de la contestation anti-François. Et on ne peut dissimuler le paradoxe qui existe dans le fait que ce pape, appelé du lointain continent latino-américain pour rénover l'Église, doit s'appuyer principalement, pour mettre en œuvre son programme, sur les Églises du Vieux Continent européen, à commencer par l'Église allemande. C'est dans les jeunes et ferventes Églises d'Afrique ou d'Asie qu'il rencontre le plus de résistances.

En pleine crise des abus, crise morale et crise de gouvernance, avons-nous dit dès le début, il nous faut donc mesurer la fragilité de la position de ce pape qui a en charge de la régler. Jamais à la tête de l'Église, un homme n'avait fait preuve d'une telle compréhension de la culture moderne et laïque, d'une vision aussi neuve de l'autonomie de la conscience. Par rapport à ses prédécesseurs, il a pris de spectaculaires distances sur les deux points majeurs que sont l'absolutisme de la « vérité » catholique et le regard critique sur la modernité. D'une certaine manière, il sonne la fin de la défense « intransigeante », comme on disait au XIXe siècle, d'une identité catholique devenue minoritaire, qui a le vent en poupe mais risque, demain, de transformer l'Église en une citadelle repliée sur ses certitudes, voire érigée en contre-société moderne. Son rêve à lui n'est pas tant celui d'une reconquête catholique que d'un profond ressourcement dans les intuitions de Vatican II sur la fidélité aux pauvres et la proximité avec les luttes des hommes d'aujourd'hui.

Serait-ce ainsi l'heure de la revanche pour une alternative longtemps tenue à distance, discrètement mais obstinément, celle qu'incarnaient, il n'y a pas si longtemps, des hommes comme Carlo Maria Martini à Milan ou Joseph Bernardin à Chicago, de vrais réformateurs aujourd'hui décédés dont il n'est pas faux de dire qu'ils avaient plus de soutien à l'extérieur qu'à l'intérieur de l'Église catholique. L'agnostique Scalfari avait parfaitement compris la rupture introduite par le pontificat du pape François quand il écrivait ces mots dès 2013 : « Votre mission contient deux nouveautés scandaleuses : l'Église pauvre de François, l'Église horizontale de Martini. Et une troisième : un Dieu qui ne juge pas, mais qui pardonne et dit : il n'y a pas de damnation, pas d'enfer[1]. »

En 1999, lors d'un synode d'évêques à Rome, le cardinal Martini de Milan avait exposé son

1. Entretien SCALFARI, fondateur de *La Repubblica* (1976) et directeur jusqu'en 1996. Interviews avec le pape François en 2013-2014.

« rêve » d'une « confrontation universelle », dans l'Église, sur les « nœuds » disciplinaires, dogmatiques, doctrinaux qui sont devenus autant d'obstacles sur sa route. Il citait la carence dramatique des vocations, la place mineure réservée à la femme, la participation restreinte des laïcs aux responsabilités, l'inadaptation du discours de l'Église catholique sur la sexualité, la discipline du mariage, l'essoufflement du dialogue œcuménique. Autant de « nœuds » qui, vingt ans après, n'ont pas disparu. En son temps, le « rêve » de Martini avait été interprété comme une manœuvre en vue d'un nouveau concile, un « Vatican III », et il sera combattu par beaucoup de ses confrères évêques et cardinaux italiens. Il ne verra jamais le début du jour. Martini en sera pour ses frais et, jusqu'à la fin de sa vie, amer et déçu.

Il n'était toutefois pas aussi isolé que beaucoup ont cherché à le dire et le faire croire. Des années durant, un fleuve souterrain a coulé. Un fleuve de prêtres, de laïcs, d'évêques, de dirigeants ou volontaires de mouvements qui se reconnaissent dans l'Église de Martini et de son héritier Bergoglio, une Église qui, en plus d'être horizontale et synodale, serait pauvre parmi les pauvres, inspirée par l'Évangile des Béatitudes. Ce fleuve a progressé, traversé les obstacles, rejoint d'autres cours d'eau, s'est élargi. Mais comment nier qu'avec la montée des scandales, la ligne de fracture se soit creusée avec ceux qui affirment, depuis un demi-siècle, que l'Église va à la dérive, que la moralité est en crise, que la catéchèse fondamentale a été abandonnée, que la confusion règne chez les prêtres, les théologiens, les fidèles habitués à trier entre les vérités bonnes à croire et celles dont ils décident de s'affranchir. Fracture avec ceux qui tentent de faire croire que la « dictature du relativisme » conduit à un effondrement de la morale et aux abus. Avec ceux qui réclament la restauration d'une ligne intransigeante, appuyée sur la tradition, la discipline, le magistère romain, le retour à des formes anciennes de piété, de rites, de dévotion. Sur les sujets comme la famille, le sexe, la contraception, les divorcés-remariés, la place des femmes, l'accession au sacerdoce d'hommes mariés, l'« intercommunion » avec les protestants, l'affrontement entre ces deux lignes ne fait que commencer au Vatican qui, plus que jamais, risque demain de devenir un champ de mines.

EN GUISE DE CONCLUSION

Un soir, sur une grande scène de théâtre parisienne, dans un spectacle inspiré du réalisateur allemand Rainer Fassbinder (1945-1982) et traitant des violences faites aux femmes, aux homosexuels, aux étrangers, j'entends que le Vatican, le pape, l'Église catholique « qui était au Moyen Âge notre Daech ! », sont associés aux « nazis répugnants », aux populistes d'extrême-droite, aux intégristes religieux de tout poil, aux terroristes, aux violeurs de la gare de Cologne d'où part l'action de cette pièce. L'acteur principal dit : « Je suis le prêtre catholique qui qualifie le "mariage pour tous" de catastrophe pour l'espèce humaine et qui regarde ensuite des pornos pédophiles dans son appartement secret, quelque part à Rome[1]. »

1. *Je suis Fassbinder*, mise en scène de Stanislas NORDEY et Falk RICHTER, Théâtre du Rond-Point, Paris, 2019.

À la sortie du théâtre, je me dis qu'à la palette des sentiments déjà connus et suscités par la crise pédophile dans l'Église – la colère, l'effroi, le dégoût, le désarroi, l'hébétude –, il nous faudra désormais ajouter la… haine. Une haine féroce contre une Église redevenue pour beaucoup l'incarnation du gouvernement le plus obscurantiste des âmes, d'un système de pouvoir parmi les plus despotiques au monde. Haine contre une Rome de nouveau le théâtre de cabales, d'intrigues, de jeux de sexe et de pouvoir. Haine contre une Église « lumière des nations » (Vatican II) redevenue pour les hommes un lieu de ténèbres.

La tragédie des abus restera comme l'histoire d'une faillite morale qui n'aura épargné personne, de la base au sommet de l'Église. Comme l'absolu du sacrilège et du péché. Comme la forme la plus accomplie du mystère d'iniquité qui est au cœur de la Révélation biblique. « Le mystère d'iniquité opère déjà. Il faut seulement que celui qui le retient encore ait disparu », dit Saint-Paul aux Thessaloniciens (2, 2-7). Que des hommes d'Église se soient rendus complices de cette iniquité met notre foi à l'épreuve d'une manière inconnue à ce jour.

Chemin faisant, de retour du théâtre, une fois passées la surprise et l'indignation, je me dis que cette Église qui suscite à nouveau la haine, ce n'est pas tout à fait celle que j'ai connue dans ma vie de catholique et de journaliste. Ce n'est pas l'Église des hommes et des femmes de foi, célèbres ou inconnus, que j'ai pu côtoyer : un Pierre Raphaël, un petit frère de l'Évangile qui vient de mourir, que j'ai vu exercer son ministère d'aumônier dans l'enfer de Rykers Island, la plus grande prison de New-York où sont entassés près de 20 000 détenus ; une Mère Teresa, un petit bout de femme au corps voûté, que j'ai toujours vu enveloppée d'un sari bleu et blanc, le visage émacié et fripé comme un cep de vigne. D'origine albanaise, elle avait mis le cap en Inde, à vingt ans, pour consacrer sa vie à ceux qui mouraient de faim sur les trottoirs de Calcutta ou étaient rejetés, parce que lépreux ou malades, de la société coloniale indienne aveugle à toute détresse. Enfin, un Jean Vanier, qui lui aussi vient de mourir, grand et droit au contraire de Mère Teresa, qui reconnaissait dans le corps petit et désarticulé d'un enfant handicapé l'image du Christ.

Il y en a tant d'autres qui ne sont ni des héros, ni des saints. Et je me dis que l'Église, ce sont aussi ces gens-là, hommes et femmes de conviction, de charité, d'humilité. Et pas seulement les ombres malfaisantes qui ont traversé tout ce livre. Je me dis aussi que Rome, malgré ses frasques et ses bourrasques, restera la ville de l'héritage des apôtres, d'une tradition de foi millénaire et universelle, l'une des grandes voix d'une humanité repue de conflits, de terreur et d'anxiété.

Cette prise de conscience ne nous disculpe pas de la faute qui a été commise. Beaucoup d'efforts ont été faits, et cet ouvrage le prouve, pour rompre avec la loi du silence, pour faire acte de contrition aux yeux du monde, pour accompagner jusqu'au bout les victimes sur le chemin de la guérison, pour coopérer, quoi qu'il en coûte, avec les justices civiles, pour réviser les procédures de protection, pour filtrer l'entrée dans les séminaires, pour écarter les déviants, pour indemniser les plaignants. Mais, soyons clair, l'Église catholique ne sera pas quitte avant longtemps de l'immense dette morale, spirituelle, accessoirement financière qu'elle a contractée. Il lui faudra beaucoup de temps, d'écoute et d'humilité pour guérir des séquelles d'un tel séisme.

La Varenne Saint-Hilaire, le 25 mai 2019.

Sélection de livres

BENOÎT XVI, avec P. SEEWALD, *Dernières conversations*, Paris, Fayard, 2018.

DIAT N., *Benoît XVI, l'homme qui ne voulait pas être pape*, Paris, Albin Michel, 2014.

DINECHIN B. DE, LÉGER X., *Abus spirituels et dérives sectaires*, Paris, Médiaspaul, 2019.

IVEREIGH A., *François, le réformateur. De Buenos-Aires à Rome*, Paris, Éd. de l'Emmanuel, 2014.

KASPER W., *Luther*, Paris, Éd. du Cerf, 2017.

LECOMTE B., *Jean-Paul II*, Paris, Gallimard, 2003.

MARGRON V., avec J. CORDELIER, *Un moment de vérité*, Paris, Albin Michel, 2019.

MARTEL, F., *Sodoma, enquête au cœur du Vatican*, Paris, Robert Laffont, 2019.

PEDOTTI C., *Qu'avez-vous fait de Jésus* ?, Paris, Albin Michel, 2019.

POLITI M., *François parmi les loups*, Paris, Philippe Rey, 2015.

RIVA V., *Ce pape qui dérange*, Paris, Éd. de l'Atelier. 2017.

THIEL M.-J., *L'Église catholique face aux abus sexuels sur mineurs*, Paris, Bayard, 2019.

WAIGEL G., *Jean-Paul II, témoin de l'espérance*, Paris, J.-C. Lattès, 2000.

Remerciements

Au terme de cet essai, je voudrais remercier mes confrères français qui ont assuré une couverture suivie et courageuse de la crise pédophile au Vatican, notamment Céline Hoyau et Nicolas Senèze pour *La Croix*, Jean-Marie Guénois pour *Le Figaro*, Cécile Chambraud pour *Le Monde*, Jérôme Cordelier pour *Le Point*, Marie-Lucile Kubacki pour *La Vie*, Bernadette Sauvaget pour *Libération.* Puis les vaticanistes italiens, aux positions si diverses, comme Marco Politi *(Fatto Quotidiano)*, Sandro Magister (*L'Espresso* et le site *Settimo Cielo*), Mario Tosatti (le site *Stilum Curiae*), Andrea Tornielli (*Il giornale*, *La Stampa*, entré en 2018 au dicastère de communication de la Curie romaine). Enfin je voudrais remercier très spécialement Christine Pedotti, Frédéric Martel et Yves Hamant.

Table des matières

DEUXIÈME PARTIE
LES TROIS ACTES
DE LA GRANDE TRAGÉDIE

TROISIÈME PARTIE
LES TROIS CHANTIERS
DE LA RECONSTRUCTION

Du même auteur

Dans l'enfer de Rikers Island, avec l'aumônier de prison P. RAPHAËL, Paris, Bayard, 1987.

L'Église pour la démocratie, avec J.-Y. CALVEZ, Paris, Bayard, 1988.

L'Étoile et la croix. Jean-Paul II-Israël, l'explication, Paris, Lattès, 1993.

Le Catholicisme, Paris, Le Monde-Marabout, 1996.

Défis au pape du troisième millénaire. Le pontificat de Jean-Paul II, Paris, Lattès, 1997.

Les Génies du christianisme, Paris, Plon, 1999.

Dieu en France. Mort et résurrection du catholicisme, Paris, Calmann-Lévy, 2003.

Larousse des religions (direction), Paris, Larousse, 2005.

Jean-Paul II, Paris, Le Monde-Librio, 2005.

Ces papes qui ont fait l'histoire, Paris, Stock, 2006.

Les catholiques, Paris, Grasset, 2008.

Catholicisme, le retour des intégristes, Paris, CNRS-Éd., 2009.

Jean-Marie Lustiger, le cardinal-prophète, Paris, Grasset, 2012.

Saint Jean-Paul II, l'homme de Dieu, l'arpenteur du monde, Paris, Télémaque, 2016.

La Grande Peur des catholiques de France, Paris, Grasset, 2018.

Imprimé en France par CPI
en septembre 2019
Dépôt légal : octobre 2019
N° d'impression : 154828